KB189516

벼리

궁금한 건 못 참는 열세 살. 엄마 따라 가끔 절에 다니다가 어느 날 문득 '불교가 뭐지?' 생각했어. 그래서 도서관 할아버지에게 하나하나 묻고 대답을 들었지. 뭔가 복잡하고 알쏭달쏭해 보이던 불교가 어느새 조금씩 풀려갔어. 물으니까 답을 찾을 수 있었던 거지. 누가 지금 '불교가 뭐야?' 라고 물으면 이렇게 대답할 거라고 해. "바른 삶을 살도록 이끌어 주는 부처님가르침."

도서관 할아버지

세상에서 가장 작은 도서관 '꼬마평화도서관'을 우리 땅 곳곳에 세우는 일을 하고 있어. 그래서 '도서관 할아버지'라고 불러. 예닐곱 아이부터 백 살 할머니 할아버지도 알아듣는, 쉬운 우리말로 뜻을 전하려고 애쓰지. 이웃에 사는 벼리와 함께 불교 이야기를 나누면서, 할아버지도 몰랐던 것을 알게 되어 기뻤다고 해. 서로 뜻을 모으면 공부도 잘 되고 기쁨은 배가 된다고 했어.

벼리는 불교가 궁금해

여는 글

"벗이여. 나는 이 세상에 홀로 동떨어져 살아갈 수 있는 것은 아무것도 없다, 서로 어울려 살아갈 수밖에 없다는 것을 알았다."

부처님이 깨닫고 나서 260km나 되는 길을 사나운 짐승들이 우글대는 숲을 헤치며 맨발 걸어가서 다섯 수행자를 만나 처음하신 말씀이랍니다. 초전법륜, 처음으로 굴린 참답고 옹근 걸입니다. 우리가 살아있다고 여기는 것이든 그렇지 않다고 여기는 것이든 모든 것은 사이를 이루고 살아가며 사이 안에서만 힘을 쓸 수 있다는 말씀입니다. 이를 연기, '까닭 따라 일어나기'라고 하지요.

불교와 처음 만나는 사람들은 불교에서 쓰이는 말이 낯선 한자말로 되어 있어서 적잖이 힘들어합니다. 그래서 부처님 뜻에 어떤 사람이라도 가까이 다가설 수 있다면 좋겠다는 여러 마음이 모여 우리말로 풀어쓴 이 책을 펴내게 되었습니다.

인연을 거슬러 올라가면 2016년 가을에 가닿습니다. 불교신문사 이경민 기자가 제게 '할아버지, 불교가 쉬워요'라는 꼭지를 만들 테니 초등학생 귓결에 쏙 들어오는 글을 일주일에 하나씩 한 해 동안 실을 수 있겠느냐고 물었습니다. 망설였습니다. 50년 가까이 불교에 뜻을 두고 살아왔으나 늘 언저리에서만 맴돌았거든요. 오랜 고민 끝에 쓰겠다고 했습니다. 공부에 게을러서 불교가 어렵다는 생각을 심어준 한자말에 젖어있지 않았을 테니 눈높이가 초등학생들과 그리 다르지 않겠다 싶었기 때문입니다. 아이들과 같이 배우면서 어깨동무하면 좋지 않을까 하는 생각이었습니다. 그렇더라도 귓결에 쏙 들어올 만큼 다듬어낼 솜씨가 없어 걱정이 컸습니다. 그때 떠오른 책이 《왜 세종은 불교책을 읽었을까》였습니다. 부처님 말씀이 아주 쉽게 나와 있거든요. 세종 임금은 '헷갈릴 미迷'를 '모롬(모름)'이라 풀었습니다. 뭐가 뭔지 모르면 이것이 저것 같고 저것이 이것 같아 헷갈릴 수밖에 없지 않습니까? '깨달을 각覺'도 '아롬(알음)'으로 풀었습니다.

부처님은 '아는 사람'이라는 말씀이고, 중생(못산이)은 그저 모르는 사람일 뿐이니 알기만 하면 다 부처라는 말씀이었습니다. 이 바탕에서 풀어내려고 했으나 없는 솜씨를 짜내 써 내려가려니 힘이 부쳤습니다. 연기와 공 그리고 마음을 다룰 때는 쓰고 지우고, 고치기를 수도 없이 해야 했습니다. 용을 그리려다가 덕지덕지 새끼줄을 그리고 만 꼴입니다.

이만큼이나마 엮을 수 있도록 저를 일깨워주고 품어준 어른들이 계십니다. 먼저 불교는 옹글고 참다운 뜻에 따라 마음먹은 대로 지어가는 것이라고 일깨워주신 스승 법정 스님께 엎드려 절 올립니다. 또 스승과 인연 이야기를 나눠주고, 제 뜻에 따라 불한당(불경을 우리말을 살린 한글로 풀어가는 모임)을 아울러 주신 윤구병 선생과 도법 스님께 그리고 함께한 벗들에게 절 올립니다.
아울러 길상사라면 다닐 만하겠다며 법정 스님을 가까이서 뵐 수 있도록 다리를 놓아주고 늘 북돋아주는 아내에게 절 올립니다. 불교신문에 자리를 이태 동안이나 내어준 이경민 기자와, 한 권 책으로 탈바꿈할 수 있도록 다리 놓아 준 이기선 님, 글을 꼼꼼히 살펴 덜어낼 것과 더 담아야 할 것을 가려내며 결고이 다듬어준 불광출판사 김선경 편집자에게도 절 올립니다. 알게 모르게 저와 길을 같이 걷고 있는 길벗님들에게도 절 올립니다.

여름 언저리
늘보 변택주 비손

목차

아무리 어두워도 씩씩하게 앞으로 가다 보면

너도 반딧불이처럼 빛이 날 거야.

1장

불교는
인도 사람,
붓다에게서
시작해

야, 그만해!

나비 너는 왜 가만히 있는
햄순이 못살게 괴롭히니?

야옹~

하하, 그럴 수 있지.
나비는 본래 사냥하는
육식동물이니까.

앗, 할아버지!

그래도 나비 사료 제가 꼬박꼬박 챙겨주는 걸요.

아무리 그래도 나비를 완전히 길들일 수 없어.

아니, 저는 그냥 나비가 굶을까 봐 그런 건데…. 나비를 함부로 길들일 생각은 없어요.

아무렴, 벼리 마음 잘 알지. 집 없는 나비 돌봐주고 싶은데, 그러면 나비를 내 마음대로 길들이는 게 아닐까, 걱정하는 거잖니?

그런 벼리 마음이 곧 불심이야.

불심이 뭐예요?

자비로운 부처님 마음, 부처님도 한때는 벼리처럼 고민도 많고 서툴렀거든.

걱정을 많이 하면 걱정이 없어질까?

그랬구나. 저는 부처님은 태어날 때부터 걱정 없는 완벽한 사람인 줄 알았어요.

하하하!

부처님은 신일까?
사람일까?

 Q 할아버지, 종교는 신을 믿는 거 맞지? 기독교는 하나님을 믿는 거잖아. 불교도 부처님을 믿는 건데, 부처님도 하나님과 같은 신이야?

A 우리 벼리, 그게 무척 궁금한가 보구나. 부처님은 하나님처럼 신은 아니야, 우리와 똑같은 사람이지. 불교는 부처님이 펼친 뜻과 가르침을 가리키는 말씀이란다. 부처님이 어렸을 때 이름은 고타마 싯다르타야. 지금으로부터 2600여 년 전, 인도 북쪽 히말라야 산자락에 있는 '카필라'라고 하는 작은 나라에서 왕자로 태어났지. 왕자니까 온갖 즐거움을 다 누리며 살았어. 그런데 스물아홉 살이 되던 해에 궁을 나와 머리를 깎고 수행자가 됐어. 어찌된 일일까?

　궁궐에서만 살던 싯다르타는 열두어 살 나던 해 봄, 처음으로 아버지 정반왕을 따라 성 밖으로 나올 수 있었단다. 농사가 잘 되기를 비는 제사에 참석하려고 말이지. 제사를 올리는 동안 슬그머니 자리에서 빠져나온 싯다르타는 밭을 가는 농부를 보게 되었어. 때마침 밭 가는 쟁기 끝에 뒤집힌 흙더미 속에 벌레가 나뒹굴었지. 그 순간 어디선가 새 한 마리가 쏜살같이 달려들어 벌레를 낚아채 가는 것이 아니겠어. 싯다르타는 생각에 잠겼어. '어째서 누구는 먹고 누구는 먹혀야 하는가? 또 누구는 제사를 올리고 나서 그늘에 앉아 먹고 마시는데 어떤 이는 땀을 흘리며 땅을 갈고 씨앗을 뿌리고 있어야 하는가?'

열다섯 살 때 궁궐 동쪽 성문 밖으로 바람을 쐬러 나간 싯다르타는 허리가 몹시 굽고 머리카락이 하얀 늙은이를 만났어. 다음날 남쪽 문밖으로 나갔다가 앓아누운 사람을 보고, 그 이튿날에는 서쪽 문밖에서 장례행렬을 봤어. 싯다르타는 '태어난 사람은 결국 늙고 병을 앓다 죽는구나. 태어난 이는 아무리 몸부림쳐도 죽음을 벗어날 길이 없겠구나' 하는 생각에 빠졌어. 다음날 북쪽 문밖으로 나간 싯다르타는 수행자 한 사람을 만나. 수행자는 "나고 앓고 늙고 죽는 데서 벗어나려고 출가했다"고 말하지. 이 말을 들은 싯다르타는 길을 찾을 수 있겠다는 희망을 품어. '사람은 어찌하여 나고, 병들고, 늙고, 죽을 수밖에 없을까? 그 까닭을 알아내면 사람들이 고통에서 벗어나 행복할 수 있지 않을까?' 싯다르타는 그 답을 찾으려고 궁궐을 벗어나 수행자가 되어야겠다고 마음을 굳혀.

궁을 떠난다는 말은 즐거움은 말할 것도 없이 안전까지도 내던진다는 소리야. 길을 떠돌고 숲에 머물러야 하는 수행자는 맹수를 비롯한 비바람과 모진 더위와 추위를 맨몸으로 견디지 않을 수 없는 노릇이거든. 그게 아니더라도 다른 나라 사람들이 나라를 염탐하러 왔다고 여길 수도 있고, 왕위를 호시탐탐 노리는 무리들이 해코지할 수도 있잖아. 왕자가 나라 밖으로 나간다는 건 나라가 흔들릴 수도 있을 만큼 위태로운 일이야. 싯다르타는 그 모든 위험을 알고도 궁을 나왔어. 문제를 풀고야 말겠다는 절박함이 얼마나 깊었는지를 알 수 있지. 우리 벼리도 궁금한 것은 못 참지? 벼리가 부처님을 닮은 것 같구나. 부처님은 신은 아니지만, '거룩한 분'으로 떠받드는 것은 이처럼 모든 사람을 행복하게 하려고 제 모든 것을 버렸기 때문이란다.

카필라와 석가족과 정반왕

부처님이 태어난 카필라Kapila는 석가족이 모여 만든 나라야. '카필라'라고 하는 아주 유명한 수행자 이름에서 따왔다고 해. 카필라는 정반왕이 다스렸는데, 정반은 '깨끗한 흰쌀밥'이라는 뜻이야. 그때 카필라에서는 쌀농사를 많이 지었나봐. 그래서 농사가 잘 되기를 바라는 제사를 지냈어. 싯다르타는 제사를 지내러 궁 밖으로 나왔다가 처음으로 '삶이란 무엇일까' 하고 궁금해졌다고 해.

부처님은 무엇을
깨달았을까?

Q 어제는 엄마가 성도재일이라면서 절에 다녀왔어. 성도재일은 부처님이 깨달은 날이라는데 부처님은 뭘 깨달았어?

A 성도재일은 음력 12월 8일로 부처님이 깨달은 날을 가리키지. 이날은 부처님이 깨달으신 까닭을 새겨보며, 나는 평소 무슨 생각을 하고 있는지 돌아보는 날이란다. 그런데 부처님은 무엇을 깨달으셨을까?

앞에서 싯다르타가 사람은 어째서 병들고 늙고 죽을 수밖에 없는지, 그 고통을 없앨 수 있는 길을 찾으려고 왕궁을 나왔다고 했지? 수행자가 된 싯다르타는 그 숙제를 풀려고 모진 고행을 했어. 고행이란 몸이 견디기 어렵도록 몰아치면서 깊은 생각에 드는 거야. 그때 사람들은 진리를 알려면 고행을 해야 한다고 여겼지. 싯다르타는 몸이 더는 견디기 어려운 데까지 몰아세우며 생각을 거듭했지. 하루에 겨우 좁쌀 한 톨만 먹으면서 여섯 해를 버텼어. 배에 손을 대면 등뼈가 만져질 만큼 힘든 수행이었지. 그렇지만 어떤 답도 찾을 수 없었어. 어느 날 문득! '몸을 괴롭혀서는 내 궁금증을 풀 수 없겠구나' 하는 생각을 해. 모두가 옳다고 생각한 수행 방법이 그르다는 것을 안 싯다르타는 바로 몸 괴롭히기를 그만두었어. 아니라는 생각이 드니까 바로 행동에 옮긴 싯다르타가 참 용감하지 않니?

그러고는 몸을 깨끗이 씻고 우유죽을 마신 다음 보리수 아래 앉았어. 눈을 감은 채 흐트러짐 없이 마음을 모으고 깊은 생각에 빠진 싯다르타는 새벽별이 뜰 때 뜻하는 바를 알아차렸어. '온 누리에 있는 모든 것은 하나로 이어져 있다. 그러므로 어느것도 서로 기대지 않고는 잠시도 살아갈 수 없다. 서로 돕고 어울려 살아갈 때 고통은 사라진다. 그것이 나와 모두를 두루 아우르는 삶이다.' 싯다르타가 부처가 되는 순간이야. 부처는 '깨달은 사람' 또는 '아는 사람'이란 뜻이란다.

부처님은 이 진리를 모른 채, 아웅다웅하며 화내고 슬퍼하고 고통스럽게 살아가는 사람들이 안타까워 견딜 수 없었어. 깨달은 이 소식을 하루라도 빨리 알리고 싶었어. 그래서 내 말을 알아듣고 널리 퍼뜨릴 수 있는 사람이 누굴까 하고 헤아려 봐. 싯다르타가 고행을 그만두었을 때 수행자가 지켜야 할 지조를 져버렸다며 침을 뱉으며 곁에서 떠난 다섯 수행자를 떠올렸어. 코브라와 표범, 호랑이처럼 무서운 짐승이 들끓는 우거진 숲을 헤치며 맨발로 260킬로미터나 걸어가서 다섯 수행자에게 깨달음을 나누어 줬어.

그 뒤로도 부처님은 진리를 알지 못해 고통스럽게 살아가는 사람들을 일깨우려고 40여 년을 길 위에서 사셨어. 늘 "사람은 홀로 살 수 없다. 너와 내가 더불어 우리를 이루어야 참답다.

21

그래야 행복하게 살 수 있다"고 하면서. 또 "우리는 모두 서로를 살리는 참 좋은 어깨동무"라고 말하며 다니셨지.

벼리야, 깨달음은 크고 어려운 게 아니란다. '깨달았다'는 말은 바로 '알다'라는 뜻이야. 부처님은 스스로 깨달은 것을 더 쉽게 알아들을 수 있는 방법을 알려주셨어. 이를테면 어떤 공식 같은 거야. 바로 사성제와 팔정도가 그것이지. 그건 2장에서 찬찬히 살펴보자꾸나.

우리에게 부처님씨앗이
있다고?

Q   부처님이 사람은 누구나 부처님이 될 수 있다고 말씀했다면서? 그럼 나도 부처님이 될 수 있을까?

A   그럼. 벼리도 부처님이 될 수 있고말고. 부처님이 살아계실 때 인도엔 '카스트'라는 계급제도가 있었어. 꼭대기에는 목사나 신부, 스님처럼 종교를 받드는 '바라문'이 있고, 그 다음엔 임금을 비롯한 귀족을 일컫는 '크샤트리아'가 있었지. 그 아래 계급이 상업과 농업, 목축업을 하는 '바이샤'였고, 맨 아래는 요즘 정규직이나 비정규직처럼 직장에 다니면서 일을 하고 급여를 받는 '수드라'였어. 그 밖에도 카스트에 들어가지 못하고 손도 댈 수 없을 만큼 더럽다는 불가촉천민이 있었어. 높은 계급에서 태어난 사람은 귀한 대접을 받고, 하찮은 계급에서 태어난 사람은 대접은커녕 계급에 따라서는 가축만도 못한 취급을 받는 것이 마땅하다고 여겼지.

참 부당하지? 그런데 그때는 아무도 잘못되었다고 말하지 못했단다. 그런데 부처님은 "아니!"라고 손사래 쳤어. "사람이 귀하고 하찮은 것은 타고 나는 것이 아니다. 저하기 따라서 귀해지기도 하찮아지기도 한다"고 말씀하셨지. 비록 불가촉천민일지라도 힘겨워하는 사람을 북돋아주거나 죽어가는 사람을 살리면 귀한 사람이고, 종교인일지라도 남이 가진 걸 훔치거나 빼앗으면 도둑놈이나 강도라는 말씀이지.

부처님은 또 사람은 누구나 부처님씨앗(불성)을 가지고 태어났다고 하셨어. 이를테면 감나무에서 달린 감에는 씨앗이 들어 있잖아. 이 씨앗이 땅에 떨어져서 뿌리를 내리고 움이 트면 감나무일까 아닐까? 비록 서툴고 여리다 하더라도 감나무야. 그런데 우리에게 부처님씨앗이 있는 줄 모르고 부처가 될 수 없다고 생각한다면 어떨까? 마치 떡잎만 달린 감나무가 감이 주렁주렁 달린 아름드리나무를 바라보면서 저는 죽었다 깨어나도 감이 주렁주렁 달린 감나무가 될 수 없다고 생각하는 것과 마찬가지야. 그 떡잎이 자라서 처음으로 꽃을 피우고 나서 꽃이 진 자리에 엄지손톱만한 열매가 달렸어. 이것이 감일까 아닐까? 무르익지 않았을 뿐이지 감이란 말이지.

이와 마찬가지로 부처님은 무르익지 않았을 수는 있지만 사람은 누구나 부처라고 하셨어. 사람뿐 아니라 살아있는 모든 것은 부처님씨앗을 가지고 있다고도 말씀하셨지. 그런 줄 모르고 살아가는 사람들을 안타까워하셨어. 그래서 부처님은 팔십 평생을 이 마을 저 마을로 다니면서 사람들을 흔들어 깨워주셨어. "누구나 부처님씨앗을 품고 있다"고. 어떤 사람이라도 그걸 알아차려서 깊은 데서 울려나오는 마음결 따라 삶을 올곧게 지어간다면 그대로 부처님이라는 얘기야.

24

벼리야, 불교는 부처님을 믿는 종교가 아니란다. 내가 어떤 마음을 먹고 살아가느냐에 따라 부처님도 되기도 하고, 부처님을 시기하고 괴롭히는 마왕도 될 수도 있다는 종교이지. 벼리 너도 이 자리에서 사람을 살리겠다는 마음을 내고 그대로 삶을 지어간다면 바로 부처를 이룰 수 있단다. 살린다는 말이 거창하지? 친구들을 친절하게 맞이하고 부드러운 말을 해주는 것 또한 사람을 살리는 것이란다.

혹시 법정 스님을 알고 있니? 우리에게 큰 깨달음을 주고 10년 전 돌아가신 어른이시지. 스님은 해마다 부처님오신날이면, 오늘은 부처님이 오신 날이 아니라 부처님이 오시는 날이라고 하셨어. 누구라도 부처님처럼 말하고 살아가면 모두 그대로 부처님이라고 하시면서.

천상천하 유아독존이
무슨 말이야?

 Q 할아버지, 부처님은 태어나자마자 일곱 걸음을 걷고는 "천상천하 유아독존"이라고 하셨다면서? 와, 정말 그럴 수 있어?

A 하하. 벼리야 어떻게 그럴 수 있겠어. 부처님 가르침을 잘 드러내려고 만들어낸 얘기라고 봐야 하지 않을까. 갓난아이가 걷고 말할 수는 없잖아. 나는 천상천하 유아독존을 "땅 위와 땅 속을 돌아보고 훑어봐도 온통, 도두보며 우리를 '나'뿐이구나" 하는 말씀으로 받아들여. 달리 말하면 누구나 세상에 하나밖에 없으므로 소중하다는 일깨움과 더불어 누구라도 세상에 둘도 없는 제 빛깔을 지니고 있다는 뜻이 담겼어. 아울러 세상 모든 것은 그물에 달린 그물코처럼 서로 이어져 있으니, 세상 모든 것을 다 '나'로 여긴다는 말씀이야. 한 몸으로서 '나'가 아니라 '커다란 나'라는 뜻으로 헤아릴 수 있어.

보통 사람인 우리가 이 말씀을 어떻게 새겨야 할까?

먼저 세상에 하나밖에 없는 소중한 나 못지않게 다른 사람 또한 하나밖에 없는 소중한 사람이라는 것을 알아차려서 이웃을 아껴야 한다는 말씀으로 받아들일 수 있어.

둘째, 스스로 말미암아 제 빛깔을 드러낼 수 있다는 것을 믿어야 하고.

셋째, 모두가 그물코처럼 이어져 있으니 '네가 바로 나!'라고 하는 마음으로 서로 살리면서 더 '커다란 나'를 이뤄가야 한다는 뜻이지.

'네가 바로 나'라고 하는 말을 받아들이기 쉽지 않지? 하나만 짚어볼까? 우리는 모두 숨을 쉬어야 살 수 있잖아. 우리가 흔히 '생명'이라고 하는 '목숨붙이'란 말을 생각해 보자. 목숨이란 목으로 숨을 내쉬고 들이마신다는 데서 나왔어. 사람은 산소를 들이마시고 이산화탄소를 내뿜어. 만약 '지구에 이산화탄소만 남고 산소가 다 없어진다면?' 우리는 살아남을 수 없겠지. 다행스럽게도 우리가 내뱉은 이산화탄소를 마시고 산소를 내뿜는 목숨붙이가 있어. 바로 나무야. 나무와 사람은 떼려야 뗄 수 없는 사이지.

하나 더 짚어볼까? 벼와 보리, 무·배추가 없어도 우리가 살아남을 수 있을까? 또 꽃가루를 옮겨서 푸나무가 퍼지도록 도와주는 벌과 나비가 없다면? 해와 달, 물과 불, 비와 바람이 없어도 우리 목숨을 이어갈 수 있을까?

오늘을 살아가는 우리들은 앞서 가신 어른들에게서 맑은 물과 공기를 가진 산과 들을 물려받았어. 그런데 산업을 일으킨답시고 산과 들을 마구잡이로 파헤치고 강과 바다, 공기를 더럽혀 왔지. 이대로 가다가는 벼리 네 또래 아이들에게 물려줄 것이 잿빛 도시와 플라스틱으로 뒤덮인 바다, 희뿌연 공기뿐일지도 모르겠구나. 어쩌면 할아버지 세대가 천상천하 유아독존에 담긴 뜻을 '세상에서 내가 가장 소중하다'고 잘못 알아들었기 때문에 일어난 일인지도 몰라. 이제부터라도 정신 바짝 차리고 누리를 더 더럽히지 않도록 해야 하는데….

부처님은 결혼도 하고
아들도 있었어?

Q 할아버지, 스님들은 결혼하지 않는다고 들었어. 그런데 부처님에겐 아들이 있었다면서?

A 하하, 스님들은 대개 결혼을 하지 않고 출가했어. 그러나 부처님은 아들을 낳고 나서 출가하셨거든. 아이 이름이 라훌라(羅睺羅)야. 싯다르타가 혼인을 하고 10년이 지나서야 낳았어. 경전에서는 "얽매임을 낳았구나. 이 새로운 얽매임에 어떤 사람은 마음 놓이겠구나" 했다고 나와. 라훌라를 우리말로 풀면 얽매임이나 걸림돌이라는 뜻이야. 라훌라가 태어나서 마음이 놓인 사람은 누굴까? 틈만 나면 출가하겠다고 말하는 아들을 안타깝게 바라보던 싯다르타 아버지 정반왕이야. 자식을 낳았으니 그 책임을 다하려면 출가를 못 할 거라고 여긴 것이지. 그러나 싯다르타는 아내와 아들을 남겨 두고 출가를 한단다.

출가한 지 여섯 해 만에 깨달음을 얻은 부처님은 고향을 찾았어. 부처님을 만난 라훌라는 유산을 물려달라고 해. 부처님은 기다렸다는 듯이 라훌라 머리를 깎아줘. 부처님은 일곱 살배기 라훌라에게 스님들과 똑같이 수행하도록 했어. 궁궐에서 자란 응석받이에게 수행이 쉽진 않았겠지? 게다가 일곱 살이라니!

라훌라는 거짓말도 하고, 생떼를 쓰고 난리도 아니었나 봐. 어리광으로 받아줄 수도 있겠다 싶은데 부처님은 달랐어. 라훌라에게 대야에 물을 받아오도록 했어. 발을 씻어달라고 한 뒤 부처님은 더러워진 물을 가리키며 물었어.

"라훌라야, 이 물을 마실 수 있겠느냐?"

"더럽혀진 물을 어떻게 마셔요?"

"네 말대로 더러운 물을 마실 수 없다. 너도 이와 같다. 공부를 게을리하고 입을 깨끗하게 지키지 않으며, 제 욕심만 채우려 하고, 뻣질나게 성을 내는 네 마음이 더러워진 이 물과 같다."

더러운 물을 쏟아버리라고 한 부처님은 또 물었어.

"이 대야에 밥을 담아 먹을 수 있겠느냐?"

"아니요. 먹을 수 없어요."

"말은 거칠고 공부를 게을리하며 여러 스님을 괴롭히는 너도 이와 같다."

말씀을 마친 부처님은 발로 대야를 걷어찼어. 떼굴떼굴 굴러가던 대야가 멈추자 다시 물었어.

"라훌라야, 대야가 깨질까 봐 걱정스러웠느냐?"

"값싼 질그릇이라서 걱정하지 않았어요."

"너도 그와 같다. 몸을 함부로 굴리고 거친 말로 남을 헐뜯는 네가 그 버릇을 고치지 않고 죽는다면 지옥으로 가고 짐승으로 태어나고 아귀로 태어나기를 되풀이할 수밖에 없다."

서늘한 부처님 말씀에 크게 뉘우친 라훌라는 흐트러지려는

31

마음을 다잡으며 힘껏 공부했어. 훗날 남모르게 어진 일을 많이 해서 '밀행제일(密行第一)'이라는 별명까지 얻었어.

라홀라가 좋은 유산을 물려받았다는 생각이 들지? 부처님도 자식을 올바르게 이끌려면 차가울 때도 있어야 한다는 것을 아셨던 것 같구나. 벼리도 부모님 마음을 한번 헤아려 보면 어떨까.

부처님은 제자가
얼마나 많았을까?

Q   할아버지 며칠 전에 교장선생님이 퇴직을 하셨는데 제자가 만 명이 넘는대. 부처님은 이름난 스승이니까 제자들이 엄청나게 많았을 거 같아.

A   그래. 아주 많았지. 어마어마하게 많은 사람들이 부처님을 따르고 부처님 가르침을 좇아 승가를 이뤘으니까. 지금 우리나라만 해도 다섯 사람에 한 사람은 불교를 가까이 하고 있잖아. 모두 부처님 제자라고 할 수 있어.

특이하게도, 부처님은 제자를 먼저 찾아 나선 분이야. 보통은 제자가 스승을 찾아나서잖니. 부처님은 당신이 깨달은 것을 알아들을 수 있는 사람이 누굴까 곰곰이 생각했어. 출가를 하고 나서 부처님이 맨 처음 찾아간 스승 두 분을 먼저 떠올렸어. 그런데 그 두 스승은 이미 이 세상 사람이 아니었지.

그 다음엔 함께 수행하던 다섯 사람을 떠올렸어. 그이들은 부처님이 고행을 그만뒀을 때 삿대질을 하고 떠났었지. 부처님은 그이들을 찾아가. 서울에서 대구 가는 만큼이나 먼 곳을 무서운 짐승들이 우글거리는 우거진 숲을 헤치며 맨발로 걸어갔어. '제자 찾아 삼만 리'야. 소중한 깨달음을 당신을 욕한 사람들에게 가장 먼저 알려주려고 한 것이지.

이 다섯 수행자들은 부처님이 하신 이야기를 듣고 하루에 한 사람씩 차례차례 깨달았어. 이어서 부처님은 장자, 요즘 말로는 재벌 아들 야사와 벗들 쉰다섯 사람을 몇 달 안에 깨닫도록 가르쳐 주었어. 한 철이 채 지나지 않아 깨달은 사람이 예순 사람이 생겨났어. 이들을 '아라한'이라고 불러. 아라한은 으뜸가는 깨달음을 얻은 분을 일컫는 말이란다. 나아갈 길을 뚜렷이 아셨던 부처님은 사람들이 귀담아들을 수 있도록 힘차고 부드러운 말씀으로 사람들을 아울러 깨닫도록 하셨지. 부처님은 예순 사람에게 전법선언을 하셨어. 부처님께 배운 깨달음을 더 많은 사람들에게 알리라는 뜻이었지.

"나는 사람과 하늘, 올가미에서 벗어났다. 그대들 역시 사람과 하늘, 굴레에서 벗어났다. 이제 이 참다운 흐름결(법)을 알리러 길을 떠나라. 많은 사람들을 이롭고 편안하게 하려고 길을 떠나라. 사람과 하늘이 편안하도록 하라. 둘이서 한 길을 가지 마라. 처음도 좋고, 중간도 좋고, 끝도 좋은, 옹근 뜻을 알아듣기 쉬운 말로 또렷이 알려라. 나도 우루벨라 새나니 마을로 가겠다."

우루벨라로 간 부처님은 불을 섬기는 교단에 있는 천여 명에게 가르침을 펴셨어. 이 사람들이 모두 부처님 가르침을 듣고 깨달아 금세 아라한이 천이백 명이 되었다는구나. 부처님은 이 스님들과 함께 라자가하로 가셨어. 소식을 들은 마가다국 임금 빔비사라는 바라문 12만 명과 장자들과 함께 부처님을 찾았어.

이 사람들이 모두 부처님 말씀을 듣고 깨달았어. 빔비사라는 '부처님이 어디에 계셔야 할까. 마을에서 너무 멀지도 지나치게 가깝지도 않고, 오고가기에 편하며, 가르침을 바라는 이들이 찾아뵙기 쉬우면서 고요하고 아늑하여 참선하기에 알맞은 곳이어야 할 텐데…' 하고 생각했어.

궁리 끝에 대나무가 우거진 숲을 절로 쓰도록 바쳤어. 불교에서 첫번째 절인 '죽림정사'는 이렇게 태어났어. 죽림정사란 '대나무 숲 절'이라는 말이야. 이토록 부처님을 따르는 이들이 들불 번지듯이 불어났어.

부처님을 따른 10대 제자

부처님에게는 엄청나게 많은 제자가 있었
지만, 그 가운데 열 사람은 아주 남달랐어.
그래서 이름 앞에 따라붙은 뜻이 있어. 참,
예수님에게도 열두 제자가 있었지.

① 지혜(智惠)으뜸 **사리불** : 가장 슬기로워 종종 부처님 대
신 가르침을 펼치기도 함.
② 신통(神通)으뜸 **목건련** : 다른 사람이 보지 못하는 것을
볼 만큼 신통력이 뛰어남.
③ 두타(頭陀)으뜸 **마하가섭** : 늘 엄격하게 계율을 지킨
(두타) 욕심 없는 제자.
④ 해공(解空)으뜸 **수보리** : 부처님 가르침인 공(空)에 담
긴 뜻을 가장 잘 깨달음.
⑤ 설법(說法)으뜸 **부루나** : 뭇사람들에게 재미와 감동을
줄 만큼 잘 가르침.
⑥ 논의(論議)으뜸 **가전연** : 불교 이론을 많이 알아서 부
처님 가르침을 잘 정리해 펼침.
⑦ 천안(天眼)으뜸 **아나율** : 마음눈으로 진리를 볼 줄 앎.
⑧ 지율(持律)으뜸 **우바리** : 계율을 가장 많이 꿰뚫어 알
고 그대로 지킴.
⑨ 밀행(密行)으뜸 **라훌라** : 부처님 아들로 늘 남에게 띄
지 않게 부처님 가르침을 조용히 실천함.
⑩ 다문(多聞)으뜸 **아난다** : 20년 동안 부처님 비서로, 부
처님 말씀을 가장 많이 들음.

글자를 모르는 부처님은
어떻게 가르쳤을까?

Q 할아버지, 부처님은 글자를 몰랐대. 그런데 글자도 모르면서 제자들을 어떻게 가르쳤어?

A 벼리 네 말을 듣고 보니, 부처님이 살아계셨을 때 글씨가 없었을지도 모른다는 생각을 해보지 않았구나. 글쎄, 알 수 없다만 세계 4대 문명 가운데 하나인 인더스 문명을 일으킨 인도 사람들에게 글이 없었다는 것은 받아들이기 어려워. 아무튼 기원전 3세기까지 인도에는 글씨가 없었다고 얘기하는 학자들이 있더구나. 글이 없었다면 부처님도 글자를 모르셨겠지. 글이 있었다 하더라도 종이가 없었을 때이니 책은 없거나 있더라도 아주 드물었다고 봐야 할 거야.

그럴 때 부처님은 오직 마음을 가라앉혀 빚은 생각만으로 깨달음을 얻으셨다니 놀랍지 않아? 책을 하나도 읽지 않고 오롯이 제 생각만으로 어떤 뜻을 빚어내야 한다고 해 봐. 상상이 가니? 말씀으로만 가르치신 건 맞아. 인도는 땅덩어리가 커서 13억7천만에 가까운 사람들이 어울려 살아가는 만큼 말도 아주 많아. 사투리까지 해서 쓰는 말이 8백여 가지 남짓하대. 부처님 당시 어떤 바라문 출신 스님이 부처님에게 품위를 갖춘 베다어나

산스크리트어로 말씀하셨으면 좋겠다고 했어. 당시 승가에는 이미 여러 가지 말이 쓰이고 있음을 가늠할 수 있는 말씀이야. 그때 부처님은 "내 가르침은 누구나 쉽게 알아들을 수 있도록 그 지방 사람들이 쓰는 토박이말로 펼쳐야 한다"고 하셨대. 모르긴 해도 마가다에서 많이 머무르시던 부처님은 그곳 토박이말을 가장 많이 쓰지 않으셨을까.

책도 없던 시절, 부처님은 삶을 뿌리부터 주의 깊게 살피는 명상만으로 '홀로 떨어져 있는 것은 없다. 서로서로 기대어 어울릴 뿐'이라는 연기법칙을 깨달으셨어. 모든 부처님 가르침은 오직 스님들과 뭇사람 입에서 입으로 이어졌어. 부처님이 돌아가시고 나서 가르침을 서로 나누던 스님들은 저마다 기억이 다르다는 것을 알았어. 이대로 가다가는 가르침이 잘못 이어질 수 있고, 차츰 없어질 수도 있겠다는 걱정이 들었어. 그래서 서로 알고 있는 것을 털어놓고 맞춰보기로 해. 뜻을 모은 스님 5백여 명이 라자그리하에서 만나 부처님 가르침을 낱낱이 읊으며 부처님 말씀이 맞는지 서로 확인하고 가려 모았어. 편집회의라고 할 수 있지.

그렇게 부처님말씀을 모아 새긴 게 '경(sutra)'이고, 지켜야할 규칙과 계율을 새긴 것이 '율(vinaya)'이야. 그때 경전은 대개들은 것을 나눴기 때문에 맨 앞에 "이와 같이 나는 들었다"는 말로 시작하지. 그리고 훗날 한 가지를 더 넣는데 '논(mātṛkā)'이라는 가르침 목록이야. 논은 찾아보기 구실을 했어. 뒷날 교리를

풀어 가르는 체계로 나아가 논서(adhidharma, 가르침을 나누며 뜻을 섞는)라는 이름으로 자리매김해. 이 경율론, 세 가지를 묶어 삼장(tripiṭaka)이라고 해.

가르침을 거듭 떠올리면서 되풀이해 외웠다는 것은 부처님 말씀 곧 경전을 고스란히 몸에 담았다는 뜻이야. 소리울림이 온 세포와 뼈에 스며들어 거룩한 무늬가 몸에 새겨졌다는 말씀이지. 책을 눈으로만 보지 말고 소리 내어 읽어야 하는 까닭을 새길 수 있겠지?

삼장법사는 정말 어수룩했을까

종이가 만들어지기 전인 BC 1세기경, 고대 인도에는 패
다라엽(貝多羅葉) 그러니까 다라(多羅, tala) 나무 잎에 글자
를 새겼어. 여기에 새겨진 부처님말씀을 패엽경이라고도
부르지. 이렇게 나뭇잎에 새겨진 경, 율, 논을 세 바구니에
나눠 담았다고 해서 '삼장(三藏)'이라고 해. 경장을 가르치
는 스승은 강사(講師)라 하고, 율장을 가르치는 스승은 율
사(律師)라고 불렀어. 또 논장을 가르치는 스승은 논사(論
師)라고 했지. 그이들 가운데 삼장에 두루 밝은 분들은 특
별히 '삼장법사'라고 불렀어. 손오공, 저팔계, 사오정을 데
리고 진리를 찾으러 여행을 떠난 삼장법사 알지? 만화에
서는 뭔가 어수룩해 보이지만, 알고 보면 아주 뛰어난 분
이야.

부처님은 상한 돼지고기를
드시고 돌아가셨다면서?

Q 부처님은 몇 살까지 사셨어? 상한 돼지고기를 드시고 돌아가셨다는데, 왜 조심하지 않으셨어?

A 네 말이 맞기도 하고 틀리기도 해. 부처님이 돌아가실 때 이야기를 들려줄게. 부처님이 돌아가시기 전에 드신 음식이 대장장이 아들 춘다가 올린 공양이야. 상한 돼지고기란 '스카라 맛다바'란 음식을 일컫지. '스카라'는 돼지라는 뜻이고 '맛다바'는 '토란'을 가리키는 말이야. '돼지토란'은 산과 들에서 저절로 나는 '야생 토란'이야. 토란은 독성이 있어 요리하기에 앞서 하루나 이틀 물에 담가 독을 빼내야 한대.

부처님 말씀을 듣고 크게 감동한 춘다는 이튿날 부처님께 스님들 공양을 모시겠다고 말씀드렸어. 그때 마침 가뭄이 들어 먹을거리가 모자라 쩔쩔맬 때였지. 사람들은 '가난뱅이 춘다가 그 많은 스님들이 드실 음식을 마련할 수 있을까?' 갸웃거렸어. 공양을 올리겠다고 한 춘다는 부지런히 산과 들을 뛰어다니며 풀뿌리를 캐고 나물을 뜯어다가 음식을 만들었어. 그러다 보니 미처 돼지토란에 있는 독을 뺄 겨를이 없었지. 부처님은 독이 들은 것을 아셨어. 그래서 다른 스님들에게는 그걸 빼고 다른 음식만 먹으라 하시고는, 남은 돼지토란 음식은 구덩이를 깊이 파고 묻으라고 하셨어. 다른 사람이나 짐승이 먹고 탈이 나지 않도록 마음을 쓰셨던 거야. 그러나 정성껏 마련한 춘다를 생각한 부처님은 그냥 드셨어. 다른 마을로 가는 길에 설사를 하며 몸져누우신 부처님께 제자 아난다가 말씀드렸어.

"춘다가, 제가 올린 음식을 드시고 부처님이 배탈이 나셨다며 몹시 괴로워하고 있습니다. 또한 많은 이들이 춘다가 올린 공양은 공덕이 없다고 수군거립니다."

이 얘기를 들은 부처님은 춘다를 불러 옆에 앉히고 둘레에 모인 사람들에게 물었어.

"세상에서 가장 으뜸가는 어진 공양이 무엇인가?"

"수자타가 올린 공양입니다."

수자타는 부처님이 고행을 멈추고 목욕을 마쳤을 때 우유죽을 올린 사람이야. 이 공양을 받고 부처님은 깨달음을 얻었지. 부처님은 덧붙여 말씀했어.

"수자타 공양에 버금가는 공양이 있다. 바로 여래가 열반에 들기 전 먹은 마지막 공양이다."

정성 어린 공양을 무엇보다 높이 사셨던 거야. 춘다를 고까워하며 퍼붓던 헐뜯는 소리도 가라앉았대. 춘다도 죄책감에서 벗어날 수 있었고. 부처님은 마지막 가시는 길에서까지 사람들을 보듬으셨어.

그런데 아난다는 부처님이 돌아가시리라고는 생각하지 못

43

했어. 예전에도 부처님은 크게 앓다가 회복하신 적이 있었거든. 아난다는 부처님이 아무런 당부말씀도 없이 열반에 드실 리 없으니 마음이 놓인다고 말씀드렸어. 그때 부처님은 그동안 안팎 없이 다 터놓고 말했기 때문에 더 해줄 말이 없다고 하셨지. 스스로 열반에 드시리라는 것을 아셨던 거야. 그러고는 이렇게 말씀했어.

"그대들은 스스로를 기댈 언덕으로 여겨 머물고, 남에게 기대려고 들지 말라. 참다움을 언덕삼아 머물고, 다른 것에 기대려 하지 말라."

간추리면 '오로지 제 안에 있는 참다움을 드러내 스스로 빛내며 살라'는 뜻이야.

춘다가 부처님 가르침에 감동하여 있는 것 없는 것을 다 털어서 마련한 정성 어린 공양은 마음에서 우러나 스스로 올린 것이기에 으뜸가는 공양이라고 하셨던 것이 아닐까.

부처님 이름이
열 개나 된다고?

Q 할아버지, 엄마는 부처님이라고 부르는데, 책에는 부처님이 이름이 열 개나 된다고 쓰여 있어. 부처님은 어째서 이름이 그리 많아?

A 하하. 그래. 벼리 너도 엄마아빠, 친구들, 선생님이 부르는 이름이 다르지 않니? 할머니는 너를 '우리 강아지야' 부르고 할아버지는 '똘똘이'라고 부르잖니. 친구들은 너를 뭐라고 불러? 뭐 '키다리'라고? 키가 크다고 붙여진 별명이로구나. 부처님도 별명이 많아. 무려 열 개! 그래서 여래십호라고 해. 한번 살펴보자.

① 여래(Tathāgata) : '올바른 길에서 온 분' 또는 '참다움에서 오셔서 참다움에 머물다 참다움으로 돌아갈 분'이라는 뜻.
② 아라한(Arhat) 또는 응공 : '우리들이 우러르고 공양 받기에 알맞은 분'이란 뜻.
③ 정변지(Samyaksambuddha), 정등각 : 바로 고른, 옹근 깨달음을 이룩한 분.
④ 명행족(Vidyācaranasampana) : 슬기로움과 지음(실천)으로 가득한 분.

⑤ 선서(Sugata) : 길을 따라 누리다 잘 가신 분.

⑥ 세간해(Lokavidu) : 모든 진실을 꿰뚫어 세상을 가장 잘 헤아리는 분.

⑦ 무상사 조어장부(Anuttarapurṣadamyasārathi) : 사람들을 이끌고 아우르는 데 더할 나위 없이 빼어난 분.

⑧ 천인사(Sāstādevāmanuṣyaṇām) : 하늘에 있는 신과 모든 사람을 아우르는 분.

⑨ 붓다(Buddha) : '깨달아 아는 분' 가장 널리 알려진 이름으로 '불타', 줄여서 '불(佛)'이라고도 한다. '부처님'이라는 말도 여기서 나옴.

⑩ 세존(Bhagavat) : 세상을 두루 이롭게 해서 우러름을 받는 분.

이것 말고도 우리가 잘 알고 있는 이름이 더 있어. 싯다르타와 석가모니. 싯다르타는 태어나서 아버지가 지어준 이름으로 '옹글고 좋은 모든 것을 다 이룬'이란 뜻이 담겼대. 석가모니는 '석가족 가운데 가장 거룩한 분'이란 뜻이란다.

할아비는 이 가운데서 '여래'와 '붓다'가 가장 끌려. 붓다, 깨달아 안다는 것이 뭘까? 경전에는 어떤 것이든 까닭을 갖추면 그 모습을 볼 수 있고, 까닭을 다 갖추지 못하면 그 모습을 볼 수 없다고 나와. 이를테면 벼리가 좋아하는 옥수수는 5월초엔 볼 수가 없어. 그래서 우리는 옥수수 밭을 쳐다보면서 옥수수가 없다고 여기지. 그런데 옥수수 씨를 밭에 뿌린 농부 눈에도 그럴까? 농부는 빈밭에 옥수수가 있다는 것을 분명히 알 수 있단다. 그래서 이따금 햇볕이 내리쬐고 비가 내리고 시간이 흐른 뒤 자라날 옥수수를 떠올리고는 해.

이처럼 깊이 살펴 아는 사람을 '붓다' 또는 '여래'라고 해. 부처님께서는 당신을 가리킬 때 '나'라고 하지 않고 늘 '여래'라고 하셨어. 이 말씀은 누구나 저 열 가지 이름에 걸맞도록 살아가는 사람은 '부처'라 할 수 있다는 얘기지. 그러니까 저 이름들은 석가모니부처님만을 일컫는 홀이름씨(고유명사)가 아닌 뭇이름씨(보통명사)라는 말씀이야.

참, 벼리야. 별명은 그 사람이 지닌 좋은 점을 되살려서 붙여주는 게 좋겠지?

2장

불교는
마음을 닦는
종교란다

음, 그러고 보니 이별은
나도 아직 어렵네. 하하하….

거 봐요!
저만 그런 거 아니잖아요!

가만, 그럼 부처님은
어땠을까요? 뜻밖에
이별해도 아무렇지
않았을까요?

글쎄, 부처님도 사람이니까
힘드셨겠지. 그래서 매일
마음을 깨끗이 비우고
닦은 게 아닐까?

꽉!

마음을 어떻게
깨끗이 닦지!?

참, 보리는
어디로 전학
갔어?

초원초등학교요,
지하철로는
다섯 정거장 정도
가야 돼요.

뭐야? 그럼 마음만 먹으면
언제든 만날 수 있잖아!

그런가?

마음을 어떻게
닦을까?

Q 할아버지, 스님들은 왜 마음을 닦는다고 하지? 마음 닦는 게 뭐야? 세수는 물로 얼굴을 씻는데, 마음은 뭐로 어떻게 닦아?

A 벼리 네 말처럼 날마다 마음을 꺼내서 물로 닦을 수 있으면 참 편하겠다. 그러면 늘 좋은 생각하며 살 수 있을 텐데 말이다. 어떻게 하면 마음도 세수하듯 닦을 수 있을까. 그건 먼저 마음이 더럽혀졌는지 그렇지 않은지 살피는 것에서 시작해.

불교에서 얘기하는 마음이란 만날 때 일어나. 눈길이나 손길이 어디에 가닿거나 소리가 귓결에 와 닿거나 무엇이 살갗에 와 닿아 만날 때마다 마음이 일어난다는 말이야. 자, 어디선가 맛있는 음식 냄새가 솔솔 풍겨오면 먹고 싶다는 생각이 들지? 그 생각이 마음이란 것이지. 이렇게 일어나는 마음을 살핀다는 거야. 마음을 다룬 부처님 말씀을 들어보면서 짚어보자.

모든 짓(행동)은 마음이 이끈다.
마음에 뿌리를 두고 마음으로 지어간다.
못되게 마음먹고 말하며 살면 괴로움이 뒤따른다.
수레바퀴가 소발자국을 따르듯이.

모든 짓은 마음이 이끈다.

마음에 뿌리를 두고 마음으로 지어간다.

맑고 어질게 마음먹고 말하며 살면 즐거움이 뒤따른다.

그림자가 몸을 따르듯이.

어떻게 마음먹고 말하며 사느냐에 따라, 괴로울 수도 즐거울 수도 있다는 말씀이야. 이 말은 '마음을 어떻게 쓰느냐'에 힘이 실려 있어. 어째서 "사촌이 땅을 사면 배가 아프다"는 말이 나왔을까? 마음을 못되게 써서 그래. 이런 이를 '못된 사람'이라고 해. 반대말이 뭘까? '된 사람'이야. 사람 됨됨이가 옹글어 어진 사람을 가리키는 말이지. 못되었다는 말은 미치지 못했다는 말로 언젠가는 미칠 수 있고, 될 수 있다는 뜻이 담겨 있는 말씀이야.

여기서 짚어볼 게 있어. 만난다는 말은 마주남에서 나왔어. 그래서 채소를 가리키는 우리말이 남새야. 씨앗이 땅에 떨어져 뿌리를 내리면 대개 떡잎이 두 장 쏙 나오잖아. 이 떡잎이 마주난 거야. 나무도 본디 '낡' 또는 '남ㄱ'이라고 했지. 아름드리나무도 알고 보면 떡잎부터 나와. '만나다'와 결이 다른 낱말은 '맞서다'로 겨룬다는 뜻이 담겼어. 이웃과 겨루겠다고 마음먹은 사람은 사촌이 땅을 사면 배가 아파. 그러나 떡잎이 마주나듯이 만난다는 생각을 가진 이라면 어떨까? 이웃이 땅을 사면 마치 제가 땅을 산 것처럼 기뻐할 거야. 만남은 더불어 어울림을 이뤄. '어울림'이 바로 불교가 품은 마음 살림 고갱이야. 아까 꺼낸 부처님 말씀에 담긴 뜻은 뭘까? 마음을 못되게 쓰지 않고 곱게 써서 이웃과 이웃이 서로 도두보며 북돋우고 살리는 짓이 바로 마음 닦기라는 말씀이야. 이를 뒷받침하는 부처님 말씀 하나 더 들어볼까.

"여기 더러운 헝겊이 있다. 이 헝겊을 파랑이나 노랑 또는 빨갛게 물들이려고 물감에 담가두면 어떻게 될까? 빛깔이 또렷하니 곱게 물들지 않을 것이다. 무슨 까닭일까? 헝겊이 깨끗하지 않은 탓이다. 그대 마음 씀씀이가 이처럼 말갛지 않으면 좋은 열매를 맺을 수 없다.
여기 깨끗한 헝겊이 있다. 파랑이나 노랑 또는 빨갛게 물들이려고 물감에 담가두면 어떨까? 빛깔이 또렷하니 곱게 물들 것이다. 어째서 그럴까? 헝겊이 깨끗하기 때문이다. 그대 마음씀씀이가 이처럼 맑으면 좋은 열매를 맺을 수 있다."

불교에서는 사람은 누구나 부처님씨앗을 품고 태어난다고 해. 그래서 '본디 부처' 또는 '본디 맑음'이라고 하지. 마음이 본디 맑은데 그런 줄 모르고 살다보니 시간이 흐르면서 때가 끼고 녹이 슨다는 얘기야. 마음에 때가 끼거나 녹이 슬지 않도록 하려면 어떻게 해야 할까? 날마다 꾸준히 써야 하겠지. 깨끗한 말을 하고 자꾸 좋은 생각을 하려고 노력하면 마음은 저절로 닦인단다.

사성제가
뭐야?

Q 할아버지, 불교 가르침 가운데 가장 중요한 게 사성제라고
들었어. 그게 뭐야?

A 부처님은 스스로 깨달은 진리를 세상 사람들에게 알려주
려고 했어. 그런데 이 깨달음을 사람들이 받아들이기가 너무 어
렵지 않을까, 어떻게 하면 알아듣기 쉽게 전할까, 고민하셨지.
그렇게 생각해 낸 것이 '사성제'란다. 사성제는 괴로움을 없애는
'네 가지 거룩한 살림'이라는 뜻이야. 네 가지는 고제와 집제, 멸
제와 도제를 가리켜. 하나하나 살펴볼까.

　　'고제'는 내 뜻대로 되지 않아 거북하고, 성가시고, 두렵고
괴로워하면서 시달리는 걱정거리를 살피는 것을 일컫는 말이
야. '집제'는 온갖 걱정거리가 일어나는 까닭을 살펴 뚜렷하게
아는 걸 가리켜. '집'이라고 하는 까닭은 괴로움이나 걱정거리는
여러 가지가 얽히고설켜 일어난다는 거야. '멸제'는 온갖 괴로움
이 오는 까닭을 헤아리고 이 괴로움과 걱정거리가 사라질 수 있
다는 걸 참답게 꿰뚫어 아는 것을 일컬어. '도제'는 시달림에서
벗어나 마음 놓이도록 하는 옹근(바른) 길 가기야.

　　올 여름 유난히 더워서 내남없이 괴로워하고 있어. 더위에

서 오는 괴로움을 사성제로 짚어서 살펴볼까?

① 고제 : 더워서 땀이 나고 몸도 끈적끈적해서 견딜 수 없어 쩔
쩔매는 따위를 들 수 있어.

② 집제 : 더우면 누구나 힘이 들어. 그럴 때 '더위는 어디서, 어
째서 오는지?'를 헤아려 짚고 '더위는 괴롭기만 할까?' 생각
해봐야 해. 찬찬히 짚어보니 우리가 먹는 곡식이나 과일은
날이 더워야 익잖아. 우리는 더워서 미칠 것 같지만, 여름이
덥지 않으면 곡식은 자라지 못하고 열매도 줄어들겠지. 곡식
에게 더위는 없어서는 안 되는 것이지. 집제는 이처럼 괴로
움이 일어나는 까닭을 낱낱이 짚어 드러내는 것이야.

③ 멸제 : "더위는 괴롭기만 한 것일까?" 물어서 알게 된 것들을
헤아리고, 그 생각들에서 벗어날 수 있다면 우리는 덥더라도
무던히 견딜 수 있지 않을까? 볕이 따가워도 마음은 가라앉
을 수 있을 거야.

④ 도제 : '견디기 어려운 더위 덕분에 우리가 살아갈 수 있구나'
알고 나면 더위에서 벗어나려고 몸부림치지 않고 무더위를
견딜 수 있는 여러 방법을 찾게 될 거야. 그늘에 앉아 있거나
원두막에 들어가 쉬면서 우물에 띄워둔 수박을 쪼개어 먹거
나 차가운 물로 등목을 하면서 더위를 달랠 수 있지.

이처럼 시달리는 까닭을 바른 눈길로 살피면, 더위가 주는 고마

움을 제대로 헤아리고, 더위를 달래가면서 마음이 놓일 수 있는 길을 열어갈 수 있지. 그 길이 바로 팔정도, 여덟 가지 바른 길이야. 벗들과 더불어 이 길을 닦아 어울려 걸으면 걱정거리가 주는 시달림(번뇌)에서 벗어나 붓다로 살아갈 수 있어.

　　나는 동무들과 어깨동무하며 '거룩하게 살피며' 빚어가는 삶을 '어울려 살림'이라고 풀고 싶구나. 더위를 달래기에 앞서 무조건 에어컨 켜기부터 하지 않았는지 까닭을 헤아려보는 것도 '거룩한 살림'을 내딛는 발걸음 가운데 하나가 아닐까.

한자로 풀어보는 사성제, '고집멸도'

① **고** : 한자로 괴로울 고(苦), 괴로움을 말해. '사는 게 고통이다!' 이런 말 들어봤지? 사람은 많은 괴로움 속에서 살아가. 아파서 괴롭고 늙어서 괴롭고 죽어서 괴롭지. 친구들과 싸워서 괴롭고, 좋아하는 사람과 헤어져서 괴롭고, 갖고 싶은 것을 갖지 못해 괴롭고 말이지. 바로 그 괴로움을 말해.

② **집** : 모을 집(集). 왜 괴로울까. 욕심과 집착이 모여서 괴롭다는 것이지. 무언가를 갖고 싶다고 계속 생각하고 그게 채워지지 않으면 마음이 괴롭지?

③ **멸** : 없앨 멸(滅), 욕심과 집착이 사라지면 더는 괴롭지 않을 거야. 고통이 없어지면 편안함을 느끼게 되잖니. 어떤 사람들은 그 감정을 행복이라고 부르기도 하지만, 불교에서는 '열반'이라고 해. 열반은 불이 꺼졌다는 뜻이야. 욕심은 불과 같아. 모든 것을 다 태워버리지. 활활 타오르는 불길이 꺼지면 더 이상 뜨겁지 않겠지.

④ **도** : 길 도(道), 불같이 일어나는 욕심을 어떻게 하면 끌 수 있을까. 그 여덟 가지 바른 길(방법)을 팔정도라고 해. 팔정도를 좇아 살면 고통과 괴로움은 사라지고 평화로워진단다.

팔정도가
뭐야?

Q   할아버지, 지난번 알려준 사성제 가운데 네
번째 나오는 도제에는 여덟 가지 방법이 있다고 했
지? 그 방법이 무엇인지 자세하게 듣고 싶어.

A   그래, 우리 벼리가 팔정도가 궁금하구나. 머리를 맞대고 살
펴보자꾸나. 팔정도는 '괴로움을 없애는 여덟 가지 길'을 뜻해.
우리말로는 '여덟 가지 바른 길'이지. '사성제(네 가지 거룩한 살림
살이)'와 함께 부처님이 깨닫고 나서 처음으로 펴신 가르침이야.
부처님이 열반에 드실 때 마지막 제자에게 남긴 말씀도 이와 같
았어.

  '여덟 가지 바른 길'은 인도 빠알리 말로 '아리요 아탕기꼬
막가Ariyo aṭṭhaṅgiko magga'라고 해. 빠알리는 우리말과 달라. 영어
처럼 단수(한 개)인지 복수(여러 개)인지 또렷이 구분해서 쓰지. 그
런데 '아리요 아탕기꼬 막가'는 단수로 쓰였어. 각각 여덟 그루로
나눠진 말씀이 아니라, 여덟 가지가 달린 나무 한 그루로 보았던
것이지. 왜 그랬을까? 초기불교를 연구하는 학자들은 여덟 가지
따로따로 하나씩 순서대로 익혀 가야 하는 것이 아니라 모두 한
꺼번에 일깨워 가야 하기 때문이라고 한단다. 어느 것도 빠질 수
없다는 말과 같이. 그럼, 여덟 가지 바른 길을 자세히 알아볼까.

① 바른 눈(정견) : 모든 걸 있는 그대로 바르게 헤아리기

② 바른 생각(정사유) : 올바르고 어진 생각

③ 바른 말(정어) : 거짓말과 거친 말 하지 않기

④ 바른 짓(정업) : 올바르고 바른 짓하며 살기

⑤ 바른 살이(정명) : 올바른 일로 삶을 꾸리기

⑥ 바른 힘씀(정정진) : 바르게 살려고 애쓰며 힘쓰기

⑦ 바른 마음 다스림(정념) : 내 몸과 마음에 일어나는 느낌 살피기

⑧ 바른 쏟음(정정) : 마음을 바르게 한 곳에 모아(집중) 이어가기

이 여덟 마디에 모두 나오는 '정(正)'은 '바른' 또는 '옹근'으로 풀 수 있어. '정'은 빠알리 말로 '삼마Sammā'야. 삼마에 담긴 뜻은 본디 '치우치지 않는 올바름' 또는 '치우치지 않는 옹골참'이래. 그래서 나는 팔정도에서 가리키는 '정'을 '치우치지 않는 옹긂'이라고 새긴단다.

삼마가 지닌 뜻을 새기면서 풀어보면 ① 정견은 '바른 눈', 우리가 살아가면서 겪는 모든 것을 '치우치지 않고 있는 그대로 옹글게 보는 힘'이라고 할 수 있어. 그리고 ② 정사유는 '바른 생각', '바른 줏대'라고 할 수도 있어.

앞에서 여덟 가지 바른 길은 여덟 가지가 달린 나무 한 그루라고 했지? 다르게 말하면 '높고 낮음과 앞서고 뒤서는 것이 없이 고르다'는 뜻이야. 여덟 가지 바른 길은 서로 떼려야 뗄 수 없는 사이이기에 더불어 지켜야 해.

팔정도는 하나씩 지키는 게
아니라고?

Q 할아버지 팔정도가 잘 이해가 안 가. 한 번만 더 이야기해줘.

A 무엇이든 모를 때는 다시 확인해야 맞아. 그게 옳은 길이지. 다시 한 번 여덟 가지 바른 길에 담긴 뜻을 하나하나 짚어보자꾸나. 먼저 원효 스님이 이런 말을 하셨단다.

"앞을 보지 못하는 사람들이 코끼리를 더듬어보고 저마다 부채처럼 생겼다, 뱀과 같다, 벽처럼, 또는 기둥처럼 생겼다고 한다, 모두 코끼리를 만져보고 하는 말이니 틀렸다고 하긴 어렵다. 그러나 맞는 말도 아니다."

뭘 제대로 보려면 가까이 다가서서 낱낱이 살피려고만 할 게 아니라, 뚝 떨어져서 온통 훑어보기도 해야 한다는 말씀이지. 여기서 멈추지 말고 속속들이 까보기도 해야 어느 한쪽으로 쏠리지 않고 있는 그대로 옹글게 본다고 할 수 있어.

① **바른 눈**(정견)을 가지려면 줏대를 바로 세워야 해. 그러려면 몸과 입과 뜻을 먼저 가다듬어야 하지. '바른 말·바른 짓·바른 살이'를 해야 한다는 말씀이야.

③ **바른 말**(정어)은 이웃이 하는 말을 귀담아듣는 데서 비롯해. 헐뜯거나 사이를 갈라놓는 말을 하지 않으며, 꺼내기 힘들더

라도 할 말은 하고 선뜻 꺼낼 수 있더라도 못할 말은 하지 않아야 해.

④ **바른 짓**(정업)은 늘 이웃을 도두보며 어려움에 놓인 이웃에게 힘을 보태는 것처럼 바른 속뜻을 세워 꾸준히 쌓아온 버릇에서 우러나오는 참다운 짓을 일컬어.

⑤ **바른 살이**(정명)는 '산목숨을 죽이기'처럼 계에 어긋나는 직업을 갖지 않아야 한다는 말씀이야.

몸과 입을 바르게 쓴 다음이라야 모든 걸 있는 그대로 가려볼 수 있는 옹골차고 슬기로운 눈이 생겨. 그러나 저번에도 말했지만 여덟 가지 바른 길은 차례를 밟아 나가는 것이 아니라 한꺼번에 일깨워가야 해. 그런데도 '바른 눈·바른 짓·바른 살이'를 앞세운 것은 이것이 바탕에 깔리지 않고서는 '바른 힘씀(정정진)·바른 다스림(정념)·바른 쏟음(정정)'에 다가서기가 쉽지 않기 때문이야. 좀더 이어가볼까.

⑥ **바른 힘씀**(정정진)은 '물러섬이 없이 마음 길 내기'야.

⑦ **바른 마음 다스림**(정념)은 부처님 가르침을 올바르게 떠올리며 '마음을 바람직하게 다스려서 해야 할 바를 놓지 않기'이고. 염불이나 독경을 하면서 '부처님처럼 살겠다'고 거듭 다지는 것이 바로 바른 마음 다스림으로 들어서는 첫걸음이야. 삼매에 든다고도 하는 ⑧ **바른 쏟음**(정정)은 '마음을 한곳에 모으기'인데, 흔히 정신통일이라고 해. 참선을 떠올리면 어렵지 않을 거야. 마음 길을 낼 수 있도록 물러섬이 없이 바른

힘을 쏟고(정정진), 마음을 바르게 다스려서 부처님처럼 살 수 있는 밑바탕을 다지고(정념), 마음을 한곳으로 기울여 바르게 쏟을(정정) 수 있다면, 참다운 불자가 될 수 있는 밑바탕이 되는 바른 줏대를 세울 수 있는 힘이 웬만큼 갖춰졌다고 봐도 좋아.

② **바른 생각**(정사유), 또는 바른 줏대가 서면 나와 남을 가로 막는 담이 없어져. 너다 나다 하는 데서 벗어나 너나들이 한 가지(평등)에서 난 잎이라는 걸 알아차리는 그 자리에 마음이 놓이지. 이처럼 서로 살리는 길이 열리면 모두 다리 뻗을 수 있는 누리가 펼쳐져.

tip

부처님 가르침은 서로서로 이어져 있어.

부처님은 사람들이 고통에서 벗어나려면 어떻게 해야 할까, 고민한 끝에 깨달음을 얻으셨다고 했지? 고통에서 벗어나는 방법을 부처님은 사성제, 팔정도(계정혜)에 담아 내셨어. 뭔가 복잡해 보이지만 서로서로 이어져 있어. 한마디로 살피면 다음과 같아. '고통을 없애고 자유와 평화가 찾아들게 하려면, 탐진치(지나친 욕심과 성냄과 어리석음)를 계정혜로 배우고 닦아 없애면 된다.' 여기서 계는 계율과 선정, 지혜를 뜻해. 계정혜를 자세하게 나눈 것이 팔정도(괴로움을 없애는 여덟 가지)야. 이렇게 부처님 가르침은 서로서로 이어져 있어.

사성제 (괴로움을 없애는 네 가지 거룩한 살림)
　↓
고성제
집성제
멸성제
도성제 → **팔정도** (괴로움을 없애는 여덟 가지 바른 길)

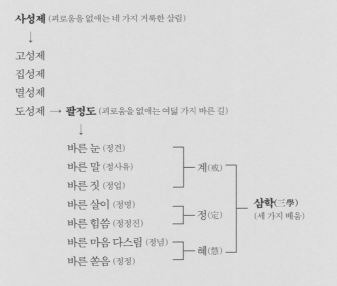

육바라밀이
뭐야?

 Q 할아버지, 사성제와 팔정도는 구슬 목걸이처럼 하나로 연결되어 있는 거네. 맞지? 그런데 육바라밀은 또 뭐야? 불교 신자가 되려면 육바라밀을 지켜야 한대. 그것도 비슷한 뜻인가?

A 먼저 육바라밀이 무엇인가 얘기하기에 앞서, 이 이야기를 들어보렴. 부처님이 돌아가시고 나서 제자들이 둘로 나뉘어졌어. 부처님이 일러주신 계율을 철저하게 따르며 '나'를 중심으로 수행하자는 상좌부 불교. 그리고 부처님 가르침을 다른 사람들에게 나눠주며 함께 수행하자는 대승불교로 나뉘었단다. 둘 다 부처님 가르침을 따르는 건 똑같아. 그 가운데 육바라밀은 바로 대승불교에서 내놓은 깨달음에 이르는 여섯 가지 길이야.

　'바라밀'은 인도 고대어인 산스크리트어 '파라미타paramita'를 소리 나는 대로 한자로 옮긴 낱말로, '바라밀다'라고도 해. '깨달음 언덕에 이른다'는 뜻이야. 육바라밀은 슬기롭고 어질어지는 여섯 갈래(보시·지계·인욕·정진·선정·지혜) 길 또는 언덕'이라고 풀이할 수 있어. 하나하나 살펴볼까.

① **보시바라밀** : '보시'는 '나눔'이야. 나눔에 세 갈래가 있는데 돈을 비롯한 재물 나눔, 참다운 가르침 나눔, 그리고 사람 마음을 보듬어 두려움을 없애주는 나눔이 있어. 여기서 놓치지 말아야 할 것은 사람을 비롯한 동식물은 혼자서 살지 못하고, 나 아닌 다른 목숨붙이나 해를 비롯한 흙과 물, 불과 바람과 같은 무생물에 얽혀산다는 거야. 이 눈길에서 보면 보시는 '서로 어울려 살리는 결'이지. 보시를 굳이 누가 누구에게 주는 거라고 받아들인다 해도 받았으니 되돌리는 것일 뿐 베푼다고 할 수 없어. 이걸 바르게 알면 누군가에게 보시를 베풀어도 줬다는 생각이 일어나지 않아. 육바라밀에서 보시를 맨 처음에 둔 걸 보면 대승불교가 가고자 하는 길과 뜻을 알 수 있겠지?

② **지계바라밀** : 계를 지키는 게 참다움으로 가는 첫걸음이며 뿌리라는 뜻이야.

③ **인욕바라밀** : 참을성을 넘어서서 어떤 어려움도 기꺼이 받아들이는 마음가짐이야. 석가모니부처님이 계실 때 '부루나'라는 스님이 사납기 짝이 없는 수로국 사람들에게 불법을 알리러 가겠다고 나섰어. 이때 부처님은 걱정스러운 낯빛으로 부루나 스님에게 물었어. "그 나라 사람들은 사납고 모질다. 그대를 몰아붙이고 욕할 수도 있고, 돌멩이를 던지거나 몽둥이

로 때릴 수도 있는데 어쩌려는가?""칼로 찌르거나 베지 않으니 친절하다고 받아들이겠습니다.""칼로 목숨을 빼앗는다면 어쩌려는가?""덧없는 이 몸과 목숨은 언제든 버리고 떠나도 아깝지 않은데 버릴 수 있도록 도와주니 고맙다고 여기겠습니다"라고 했대. 있는 그대로 보지 못해 그릇됨에 빠진 이웃을 돕는 일이니 어떤 어려움도 무릅쓰겠다는 다짐이야. '너 따로 나 따로' 갈라 세우는 데 빠져 있는 사람이었다면 나올 수 없는 말씀이지. 홍수나 화재처럼 재난을 겪는 사람을 살리려고 뛰어드는 것도 인욕바라밀 가운데 하나야. 이처럼 인욕바라밀은 그저 참으라고 하는 말이 아니라 내 목숨 내걸고 짓는 마음가짐, '살리는 삶'이야.

④ 옹글어지도록 힘쓰는 **정진바라밀**과 ⑤ 마음을 바르게 쏟는 **선정바라밀**은 한 데 묶어서 '어떤 벽에 부닥치더라도 참다운 마음을 놓지 않도록 올곧게' 지어가는 삶이라 할 수 있어.

⑥ **지혜바라밀** : 슬기롭고 어짊으로 보시·지계·인욕·정진·선정바라밀을 거쳐 깨달음을 이루는 언덕이면서 씨앗이야. 모든 바라밀은 서로 거울지는 씨앗이면서 꽃이고, 열매이면서 줄기이자 가지란다.

깨달음에 이르는 여섯 가지 길, '육바라밀'

- 보시 : 돈, 물건, 마음…, 내가 가진 것을 바람 없이 다른 사람에게 줌. 친절과 웃음도 보시다!
- 지계 : 계율을 잘 지켜 나쁜 짓하지 않고 착한 짓하기
- 인욕 : 참고 용서하는 마음
- 정진 : 꾸준하고 용기 있게 힘쓰기
- 선정 : 마음을 하나로 바로잡아 고요해지기
- 지혜 : 바르게 보는 얼결에 이르러 차별하지 않는 마음

세상 모든 건 다
이어져 있다고?

Q 불교에서는 세상 모든 건 다 이어져 있다고 한다던데 참말이야?

A 참말이고말고. 저 하늘에 떠있는 구름을 봐. 구름은 땅 위에 있는 물이 햇볕에 날아가 하늘에 떠있는 거잖니? 구름이 많이 모여 무거워지면 다시 비가 되어 내리지. 비가 되어 땅으로 되돌아온 물은 다시 햇볕에 날아올라가. 그런데 물이 다 햇볕에 날아가는 건 아니야. 밥 짓는 물이 되지. 밥에 머금어 있다가 우리 사람 몸으로 들어가기도 해. 우리 몸은 70퍼센트 물로 이뤄져 있다는 건 과학시간에 배워서 알지? 또 어떤 물은 푸나무 속으로 타고 들어가 꽃이나 열매가 되지. 새들이 열매를 따먹으면 그 열매가 새에게 들어가 몸을 이뤄. 이처럼 물은 하나이지만 서로 가닿아 만나고 흩어지면서 쉴 새 없이 모습이 바뀌어 가. 이를 일컬어서 '연기'라고 해.

한번 생각해 보렴. 땅에 있는 물이 김이 되어 하늘에 올라가 구름이 되면, 땅에 있던 그 물은 죽은 걸까? 구름이 비가 되어 내리면 구름이 죽어 비로 태어났다고 해야 할까? 물이 햇볕과 닿아 날아올랐다가 모여 떨어지면서 구름에서 비로 바뀌었을 뿐이지. 널리 보면 무엇을 만나 어떤 모습을 띠느냐에 따라 물이 다른 이름으로 불릴 뿐, 본디 성품은 바뀌지 않은 거지.

이야기 한 편 더 들려줄게. 혹시 권정생 선생님이 쓰신 《강아지 똥》 읽었니? 어떤 강아지가 골목 담 모퉁이에 누워놓은 똥덩어리 이야기야. 날아가던 참새도, 길가에 뒹구는 흙덩이도 다 더럽다며 이맛살을 찌푸려. 똥 스스로도 저를 아무짝에도 쓸모없다고 여겼어. 그 똥 덩어리가 봄비를 맞아 낱낱이 흩어지면서 땅에 스며들어. 그러고는 민들레 뿌리를 꼭 끌어안고 줄기를 타고 들어가 곱다란 민들레꽃을 피어 올리지. 모두 더럽다고 찡그리던 강아지 똥과 몸을 섞어 피어난 민들레꽃은 예쁘기 그지없어. 할아비도 《강아지 똥》을 읽기 전에는 강아지 똥이 민들레로 거듭날 줄은 상상도 못 했단다. 벼리 너와 할아비 몸에는 어떤 목숨붙이들이 들어와 우리 목숨을 살리고 있을까?

이렇게 세상에 있는 모든 만물이 이어져 있다는 걸 가장 먼저 알아차린 분이 부처님이셔. 부처님은 우리 모두가 그물에 달려있는 그물코처럼 이어져 있어서 어디를 집어 올려도 모두 따라 나온다고 하셨어. 또 서로가 서로를 비춰주는 구슬과 같다고도 하셨지.

모든 것이 연결된 그물코, 인드라망

고대 인도신화에 '인드라'라는 신이 살았대. 그 신이 사는 하늘은 커다란 그물이 뒤덮고 있었어. 그 그물을 인드라 망이라고 불렀는데, 그물코 이음새마다 구슬이 박혀 있고 햇빛이 비추면 모든 구슬이 일제히 빛나지. 한 구슬에서 나온 빛은 또 다른 구슬을 비추며 그렇게 서로 끝없이 비춰. 아침이슬이 내린 거미줄을 떠올리면 좋겠구나. 거미줄에 매달린 이슬방울마다 똑같은 모습이 비추는 것을 알 수 있어. 인드라망처럼 우리 세상도 수많은 사람들이 서로 연결되어 끝없이 영향을 주고받는단다.

도대체
공이 뭐야?

Q　할아버지, 어른들이 한숨 쉬면서 '모든 게 공하다'고 말하잖아. 그런데 '공'이라는 말은 불교에 있는 말이라면서? 공이 뭐야?

A　공이라…, 나도 딱 잘라 뭐라고 할 만큼 잘 알지 못해. 그러나 네가 물었으니 더듬더듬 짚어보자꾸나. 한자말 '공(空)'은 '텅 비어있다'는 말이야. 그런데 불교에서 얘기하는 공이란 '나'라고 할 만한 본바탕(자성)이 없다고 하는 말씀이야.

　　이를테면 구름은 하늘에 모인 물이라고 할 수 있지. 그런데 한가롭게 떠 있는 구름이 모여서 드센 바람과 만나면 싹쓸바람(태풍)이 되어 비를 쏟아 붓고 나무를 뿌리째 뽑아 쓰러뜨릴 만큼 힘을 떨쳐. 또 냇물이나 강물이 절벽을 만나면 무섭게 쏟아져 내리지. 그 물이 평평한 땅을 지나면 이내 힘을 잃고 잠잠해져. 이처럼 물은 둘레에 있는 까닭(바람, 절벽)을 만나 힘을 낼 수 있을 뿐, 본디 제가 지닌 힘은 없어. 본바탕(자성)이 없다는 것이지.

　　아울러 물을 쪼개고 쪼개면 산소 원자 하나와 수소 원자 둘이 만나 이룬 분자라는 걸 알 수 있지. 이걸 다시 쪼개면 산소와 수소가 남아 우리가 애초 물이라고 생각했던 성질조차 없어지고 말아. 게다가 원자는 양성자와 중성자가 엮이어 있는 원자핵

73

과 전자로 이루어져 있는데 거의 비어있다고 봐야 한다는구나.

한때 세계에서 가장 높은 건물이라고 입에 오르내리던 미국 건물이 있어. 뉴욕 맨해튼에 있는 102층짜리 엠파이어스테이트 빌딩이야. 이 건물에 쓰인 물질들(시멘트, 철근, 나무 들)을 쪼개고 쪼개어 원자핵 사이에 비어있는 곳까지 빼면 놀랍게도 쌀한 톨 크기밖에 되지 않는다고 해. 이렇게 보면 이 세상 모든 것이 텅 비어있다는 말이나 다름없어. 공하다는 거지. 어이구, 너무 나갔네.

이렇게도 생각해 볼 수 있어. 벼리는 나를 '도서관 할아버지'라고 부르잖아. 그러나 할아비 딸들은 나를 '아버지'라고 불러. 또 아내는 '남편'이라고 하고, 어떤 이는 나를 '벗'이라고 하고, '이웃'이라고 부르는 이도 있어. '작가'라고 부르는 사람들도 적지 않고. 이밖에도 누구를 만나 어떤 사이를 이루느냐에 따라 할아비 이름은 달라져. 왜 그럴까? 그것은 콕 짚어 '나'라고 할 만큼 움직일 수 없는 '본바탕'이 없기 때문이야. '나'는 상황과 조건에 따라 끊임없이 달라지지. 이것을 불교에서는 '공하다'고 해. 공은 아무것도 없다는 게 아니라 '고정된 실체'가 없다는 뜻이야.

중국에서 성인으로 존경받는 노자가 이런 말씀을 했대. "흙을 이겨서 그릇을 빚는데 '비어있음'으로써 그릇으로 쓰인다. 문을 내어 방을 만드는데 '비어있음'으로써 방으로 쓸 수 있다." '비어있기' 때문에 여러 가지 쓸모가 된다는 얘기야. 나는 이 비어있음을 '될 성', 무엇이나 될 수 있는 성질이라고 여겨. 밥그릇

국그릇이 따로 있을까? 어떤 그릇이든 밥을 담으면 밥그릇, 국을 부으면 국그릇이 되잖아.

길상사에 황선 스님이란 분이 계셨어. 초여름 어느 날 스님이 나를 찾으시기에 갔더니, 스님은 안 계시고 찻상에 하얀 그릇이 덩그러니 놓여 있었어. 그릇에는 꽃 몇 송이가 물에 동동 떠 있었어. 나를 맞이하려고 그러셨던 거야. 뭉클했어. 그 그릇은 황선 스님을 만나 꽃을 품고 꽃그릇이 될 수 있었던 것이지. 그릇은 비어있기에 이웃을 받아들일 수 있어. 안에 이미 무엇이 가득 들어있으면 새로운 것을 만나 탈바꿈할 겨를이 없지.

자, 이제 공을 조금은 알 수 있겠지? 앞에서 공은 본바탕을 지닌 것이 없다고 했어. 모두 연기(까닭)에 따라 일어나고 사라질 뿐이라는 거지. 벼리 네 주위를 둘러보렴. 네가 가진 물건들, 생각들, 친구사이… 언제나 변하지 않고 그대로일까? 어떤 모습으로든 변해왔지? 또 앞으로도 어떤 모습으로든 변할 테고 말이야. 이렇게 공을 바르게 알면 욕심내지 않고 매달리지 않게 되어. 바라는 것은 열심히 노력하게 되고, 제 힘으로 안 되는 일들은 기다리고 받아들이게 되어.

어른들이 '공하다'고 하면서 한숨 쉬는 것은, 그저 공을 아무것도 없다는 뜻으로 잘못 이해했기 때문이 아닌가 싶어.

인연이란 말도
불교에서 나왔다면서?

 Q 할아버지, 유치원 때부터 초등학교도 같이 다니는 친구가 있어. 엄마가 우릴 보고 인연이 깊대. 인연이 뭐냐니까, 불교에서 나온 말이라는데?

A 아, 벼리가 아직 어린 줄로만 알았는데 오래된 친구가 있구나. 그럼 오늘은 '인연' 이야기를 해볼까. 꼭 만날 수밖에 없는 사람과 사람 사이를 인연이라고 하지. 그런데 인연에는 이것 말고도 더 깊은 뜻이 담겨 있단다.

인연은 '씨앗 인'과 '까닭 연'이 모여 이룬 낱말이야. 씨앗이 까닭(조건)에 따라 뿌리내리고 움튼다는 말이야. 잘 여문 씨앗이라야 뿌리를 단단히 내릴 수 있겠지? 그러나 아무리 옹글고 튼튼한 씨앗이라고 해도 바위 위에 떨어지면 뿌리내릴 수 없을 거야. 땅에 내려앉았다 하더라도 흙이 메마르다면 어찌 될까? 같은 씨앗일지라도 어떤 이웃(땅)을 만나느냐에 따라 삶이 넉넉할 수도 고달플 수도 있다는 말이야. 살길이 아예 캄캄하게 막힐 수도 있지. 어디에 떨어지느냐는 씨앗으로는 어쩔 수 없는 일이야. 씨앗 스스로 할 수 있는 일이 그리 넓지 않다는 말이지.

그렇다고 해서 씨앗이 할 수 있는 힘, '스스로 말미암는 힘'

을 낮춰 보면 안 돼. 어떻든 힘껏 싹을 틔워 봐야지. 할아비는 언젠가 산에 갔다가 바위 틈에서 자라는 소나무를 본 적이 있어. 처음에 소나무 씨앗은 바위 위에 떨어졌을 거야. 소나무 씨앗은 굴하지 않고 뿌리 내릴 궁리를 했을 테고, 바위 틈을 비집고 들어가 싹을 틔웠을 거야. 안간힘 쓰며 자랐을 나무가 얼마나 뭉클하고 든든했는지 몰라. '내가 먼저 인연을 만든다'는 말이 바로 이런 거야.

사람 사이에 빗대어 말해볼까. 학년이 바뀌면 새 동무들을 만나게 되지? 처음 보는 사이니 다들 서먹서먹하지. 그런데 누가 먼저 웃는 낯으로 다가와 부드러운 말씨로 얘기를 나눠주면 금세 마음이 놓이지 않니? 벼리 네가 먼저 서먹함을 누르고 먼저 다가가 말을 걸면 그 아이도 웃음을 보일 거야. 이는 인연을 스스로 빚어가는 비결이지.

어떻게 품느냐에 따라서 씨앗에 담긴 얼결(정체성)이 달라짐을 알 수 있어. 벼리야. 혹시 '요강' 아니? 할아비가 어릴 때는 화장실을 집 안에 두지 않고 집 뒤에 지었어. 이름도 '뒷간'이었지. 아이들이 한밤중에 뒷간에 가기 무서워하니까 마루에 놋쇠나 도자기로 된 동그란 그릇을 놔두고 오줌을 누도록 했어. 그게 요강이야. 어느 외국인이 인사동 골동품 가게에서 놋요강을 사다 집에 두었대. 우리나라 사람이 그 집에 손님으로 갔는데 그 요강 뚜껑을 열고 초콜릿을 꺼내줬다는구나. 요강을 단박에 알아챈 그이는 초콜릿을 입에 넣지도 못하고 우물쭈물하며 낯을 붉혔대. 우리 눈엔 요강으로 보였지만 외국인에겐 운치 있는 그릇으로 보였기 때문에 벌어진 일이지.

그런데 그릇에는 자성, 스스로 지닌 성품이 없어. 어떤 그릇이든 물을 담으면 물그릇, 약을 담으면 약그릇이라고 하잖아. 명품 바이올린도 처음 보는 아이한테는 신기한 장난감에 지나지 않아. 줄을 튕기다가 급기야 줄을 뜯어내고 바이올린에 올라타기도 하지. 이처럼 사물은 누가 어떻게 받아들여 쓰느냐에 따라 운명이 달라져.

다시 한 번 갈무리해 볼까. 세상 모든 것들은 인연으로 만들어지고 사라지지. 씨앗(인)과 까닭(조건)이 서로 어울려서 일이 생기고 사물이 만들어지고 사람이 관계를 맺지. 앞에서 할아비가 말한 것은 씨앗도 좋아야 하지만, 어떠한 까닭을 만나더라도 좋은 결과가 만들어지도록 우리 마음을 키우자는 거란다. 어때 이해가 되니?

수계가
뭐야?

Q   초하룻날 절에서 수계식을 했어. 엄마가 다음에 수계식이 있을 때는 나도 계를 받으면 어떠냐고 했어. 그런데 수계가 뭐야?

A   '수계'란 엄마 말씀처럼 '계를 받는다'는 말이야. '계'는 조심하라고 이르거나 가닿아야 할 곳을 일컫는 말이지. '계'와 가까운 말로 '율'이라는 말이 있어. 계와 율은 늘 붙어 다니는데 계는 스스로 지키는 것을, 율은 반드시 지켜야할 것들을 가리켜. 그러니까 '계율'은 어기지 않고 반드시 지켜야 할 것들이라고 받아들이는 게 좋아.

수계식이란 부처님 뜻에 따라 살겠다고 마음을 모은 사람들이 가장 밑절미(기본 바탕)가 되는 몇 가지를 다지는 의식이야. 가장 먼저 받는 오계는 다섯 가지 다짐이란다.

① 산목숨 죽이지 않겠다.
② 주지 않는 것을 갖지 않겠다. 훔치지 않겠다.
③ 여자와 남자, 서로 도두보며 사이좋게 지내겠다.
④ 거짓말하지 않겠다.
⑤ 술을 취하도록 마시지 않겠다.

부처님은 "내가 죽여서도 안 되고, 남을 시켜서 죽이도록 해서도 안 된다. 또는 죽이는 것을 보고도 못 본 척 해서는 안 된다. 아울러 모든 목숨붙이를 때리거나 해쳐서는 안 된다"고 말씀하셨어.

또 부처님은 "그것이 마을에 있거나 숲에 있거나 내 것이 아닌 것을 훔치려 드는 사람을 천한 사람"이라고 하셨지. 그리고 "여자와 남자 사이는 떼려야 뗄 수 없는 매우 아름다운 사이다. 아름다운 사이를 이어가려면 서로 도두봐야 한다"고 말씀하셨어. '도두보다'는 서로 좋게 바라보라는 우리말이야. 벼리도 학교에서 성교육을 받았지? 여자는 여자대로, 남자는 남자대로 지켜야 할 참다움을 서로서로 보듬어주고 감싸줘야 아름다워.

또 부처님은 "어울려 살아가려면 다른 사람에게 거짓말을 해서는 안 된다. 남에게 거짓말을 하도록 시켜서도 안 된다. 또 남이 하는 거짓말을 보고도 눈을 감아서는 안 된다"고 하셨어. 벼리도《양치는 소년과 늑대》이야기 잘 알지? 늑대가 나타났다고 거듭 거짓말을 하다 보니까 참으로 늑대가 나타났는데도 아무도 거들떠보지 않잖아.

부처님은 "술을 취하도록 마셔서는 안 된다"고도 하셨어. 부처님이 요즘에 계신다면 마약을 먹어선 안 된다, 게임이나 SNS에 너무 빠져 살지 말라고 말씀하시지 않을까. 이따금 하는 것도 나무라실 것 같으냐고? 그렇지는 않을 거야. 그렇지만 그것이 무엇이든지 너무 깊이 빠져서 밥 먹는 것도 잊을 만큼 매달

린다면 어떨까? 이를테면 게임에 빠져 숙제를 해가지 않는다든
가, SNS를 하느라 약속을 어긴다면 문제가 되지. 그건 곧 '나'를
잃어버리고 마는 것이니까.

부처님이 돌아가시면서 남긴 말씀이 "참다움을 드러내 스
스로 말미암아 살아야 한다"고 하셨어. 그런데 그것이 무엇이든
거기 빠져서 '나'를 잃고 만다면 불자다울 수 있을까? 나를 잃고
서야 어찌 참다운 얼을 이어갈 수 있겠어.

삼귀의가
뭐야?

Q　할아버지, 얼마 전 교회 다니는 친구가 주기도문을 외우던데, 절에서 외우는 삼귀의가 주기도문과 같은 거야?

A　중요한 물음이구나. 주기도문과 삼귀의는 비슷하면서도 달라. 종교마다 가리키는 방향이 담겨 있어. 먼저 기독교 주기도문은 하나님과 예수님을 굳게 믿겠다는 약속이야. 그러나 삼귀의는 세 가지 보물에 안긴다는 말이지. 첫 번째 보물은 '거룩한 부처님', 두 번째 보물은 '소중한 부처님 가르침', 세 번째는 '청정한 승가'란다. 부처님과 부처님 가르침이 뭔지는 어렵지 않게 알겠지. 그러면 승가는 뭘까? '승'은 스님을 가리키는 한자말이야. 승가는 부처님 가르침대로 어울려 살아가는 동아리, 커다랗다는 뜻을 담아 한우리라고도 할 수 있어.

　'귀의'는 들어가 안기거나 기댄다는 말이지. 햇살이 너무 뜨겁거나 비바람이 몰아치면 뜨거운 햇살이나 비바람을 가려줄 품을 찾아들어야 하잖아. 이처럼 부처님을 따르는 사람들에게는 넉넉한 그늘과 같은 거룩한 부처님과 소중한 부처님가르침 그리고 청정한 승가가 있어.

　부처님 품에 안긴다는 것은 부처님이 알아낸 참다움과 참답게 살다가 가신 부처님 삶에 기댄다는 말이야. 부처님은 참다 움을 깨달아, 나고 늙고 병들고 죽어가는 괴로움에서 벗어나셨 어. 따라서 태어나고 늙어가고 병들고 죽어가는 괴로운 가운데 서 살아가고 있는 우리에게는 나고 늙고 병들고 죽는 괴로움을 벗어난 부처님과 부처님 가르침이 바로 들어가 안길 너른 품이 고 기댈 언덕이면서 넉넉한 그늘이지.

부처님이 펼쳐 보인 참다운 가르침도 실제로 있는 것이기 에 우리가 언제나 들어가 안길 수 있는 품이란다. 부처님은 늘 사람들에게 "귀 있는 자는 와서 듣고, 눈 있는 자는 와서 보라!" 고 말씀하셨어. 참다움은 우리가 알 수 없고, 볼 수 없는 것이 아 니라, 누구든지 귀담아들으면 헤아릴 수 있고, 눈을 크게 뜨고 가까이 다가가 자세히 살피고 멀리 떨어져서 두루 바라보면 너 끈히 볼 수 있다는 말씀이지. 부처님이 하느님 아들이거나 우리 와는 전혀 다른 어떤 분이 아니라, 우리와 똑같은 사람이라는 걸 놓치지 말아야 해. 부처님은 당신처럼 우리도 깨달음을 얻고 부 처가 될 수 있다고 하셨어. 그래서 불교라는 종교를 따르는 사람 을 일컬어 '불제자', 부처님 제자라고도 하는 거란다. 할아비는 신자라는 말보다 불제자를 줄인 불자라는 말이 훨씬 좋구나.

우리는 어떻게 해서 2600년 전에 세상을 떠난 부처님 가르 침을 여태 누릴 수 있을까? 보물 세 가지 가운데 마지막 보물인 승가가 부처님 뜻을 이어온 덕분이야. 부처님 뜻을 승가가 이어 오지 못했다면 어떻게 오늘 우리가 부처님과 부처님 가르침 품을 오롯이 누릴 수 있을까. 삼귀의는 부처님을 우러르고, 부처님 가르침을 배우고, 부처님 가르침이 잘 퍼지도록 승가를 따르겠다는 뜻이란다.

부처님이 세상이 오시지 않았으면 어땠을까? 모르긴 해도 부처님 가르침을 몰랐더라면 할아비는 좀 힘들었을 것 같구나.

벼리야, 우리 함께 비손하며 삼귀의를 할까?

온 마음으로 거룩한 부처님 품에 들어섭니다.
온 마음으로 소중한 가르침 품에 들어섭니다.
온 마음으로 맑디맑은 승가 품에 들어섭니다.

번뇌가
뭐야?

Q 할아버지, 만화책을 보는데 '백팔번뇌'라는 말이 나왔어. 그게 무슨 뜻이야?

A 번뇌라는 낱말부터 살펴볼까. 번뇌는 마음에 일어나는 갈등이야. 우리말로 '시달림' '얽매임'이라고도 할 수 있어. 우리가 성내고 슬프고 기분 나쁘고 걱정하는 모든 것들을 번뇌라고 하지. 번뇌는 어떻게 일어날까? 우리 몸은 눈, 귀, 코, 혀, 몸, 뜻(생각)으로 매 순간을 만나 제 느낌대로 받아들인단다. 이를테면, 꽃을 보면 누구는 아름답다 느낄 테지만 또 누구는 꽃가루 알레르기 때문에 얼굴을 찡그릴 수도 있어. 누구는 참 좋은 노래구나 들을 테지만 누구는 시끄럽다고 기분 나빠하기도 해. 참, 벼리는 아무 강아지나 좋아하지만, 할아비는 개에게 물린 기억 때문에 모르는 개가 멀리서 눈에 띄기만 해도 몸이 움츠러든단다. 갈등하는 이 마음을 번뇌라고 해. 번뇌를 없앤다면 마음이 평화로워지겠지? 불교는 바로 그 길을 알려주는 종교란다.

자, 그 길을 함께 가보자. 지난번 벼리가 씩씩거리며 화가났던 일이 있었지? 너와 사이가 좋지 않은 아이가 교실 문을 열고 웃으며 들어왔는데, 마치 너를 보며 비웃는 듯이 느껴졌다고 했지. '왜 날 보고 웃을까? 얼굴에 뭐가 묻었나?' 하고 거울을 봤는데 아무것도 묻지 않았어. 너는 더 부아가 치밀어서 '저게 까닭도 없이 비웃어' 하면서 따져야겠다고 생각했어. 수업 시간 내내 그 생각에 매달려서 이런저런 상상을 하는 바람에 선생님이 하는 소리는 한마디도 귀에 들어오지 않았지. 마음속에 시끄럽게 일어난 그것, 그게 바로 시달림이야.

　　시달림은 있는 그대로 보고, 있는 그대로 받아들이지 못하는 데서 일어나. 지레짐작하면서 저 혼자 붉으락푸르락 낯을 붉히는 것이 흔히 볼 수 있는 시달림 가운데 하나야. 또렷이 알지 못하면서 속으로 상상하며 그려낸 지레짐작은 순전히 제 탓으로 일어나. 혼자 제멋대로 떠올리고서는 남 탓으로 돌리면서 괴로워하잖아. 이걸 절집에서는 '전도몽상'이라 꼬집어. 전도몽상은 쉬운 말로 하면 착각이야. 자라보고 놀란 가슴 솥뚜껑보고 놀란다는 말이 있듯이 새끼줄을 보고 뱀이라고 여겨 소스라치며 '걸음아 날 살려라!' 도망가기 따위를 일컫지.

　　벼리, 네 친구가 비웃었다고 생각한 일을 곰곰 따져볼까? 여기서 그 친구가 웃었다는 것만 사실이야. 나머지는 네가 상상한 것이지. 어쩌면 친구는 웃지 않았을지도 몰라. 웃었다 하더라도 너를 보며 웃지 않았을 수 있어. 넘겨짚지 말고 '저 아이가 웃었다'고 네가 받은 느낌을 알아차려야 해. 친구 웃음을 보고 당황스러워하는 네 느낌만 살피는 거야. 또 할 수 있다면 이렇게 생각하는 거지. '쟤가 왜 웃을까? 좋은 일 있나 봐.' 그 말을 친구에게 진짜 친절한 말투로 건넨다면 껄끄럽던 사이가 풀릴 수도 있지 않을까. 물론 그 친구가 "나 안 웃었어. 너, 참 이상하다"라고 할 수도 있지. 이럴 때 "아까 웃었잖아?"하고 따져야 할까. 아니야. 모두 네 생각으로 빚어진 일이니 네 머릿속에 있는 생각을 내려놔야 해. 생각이 억누르고 있는 마음에 숨 쉴 겨를을 줘 봐. 마음이 제자리에 놓여야 새로운 눈길로 돌아볼 수 있거든. 따진다고 해서 문제가 풀리지 않는다는 걸 알고 나면 '안 웃었다고 하는구나'하고 받아들이고, "내가 잘못 봤나 봐"하고 아무렇지 않게 돌아설 수 있지.

번뇌라는 말을 이야기 하다 보니 불교 고갱이로 들어온 것 같구나. 하하. 참 백팔번뇌는 번뇌 종류가 108가지나 된다는 뜻이란다. 108은 아주 많다는 뜻으로도 쓰이지만, 불교를 더 깊이 공부하면 어떻게 108가지가 되는지 알 수 있어. 이 다음에 벼리 호기심이 더 깊어지면 함께 공부해 볼까.

우리 모두가
중생이라고?

Q 불교에서는 우리 모두가 '어리석은 중생'이라고 한다고 하던데, 할아버지는 사람은 누구나 부처님씨앗을 품고 태어났다고 하지 않았어?

A 그랬지. 그런데 어리석은 중생? 조심스러운 말인데… 그 말은 좀 밀어두고, 먼저 중생이 무슨 말인지 살펴보자. 중생은 한자말로 '무리 중(衆)'과 '날 생(生)'이 모여 이룬 낱말이야. '어울려 살아가는 목숨붙이들'이라는 말씀이지. 어째서 어울려 살아갈까? 서로 힘이 되기 때문이야. 서로 힘이 된다니까 사람끼리만 무리 짓는다고 생각하기 쉬운데 아냐. 우리는 사람뿐 아니라 동물이나 푸나무들과도 어울려 살아. 이를테면 사람은 산소를 들이마시고 이산화탄소를 내뱉지만 푸나무는 이산화탄소를 들이마시고 산소를 내뿜잖아. 이토록 서로에게 힘이 되어주며 서로 살리는 사이를 불교에선 '자리이타' 사이라고 해. 자리이타란 내게 이롭게 하며 이웃도 이롭도록 하는 짓을 가리켜.

더 살펴볼까? 먹지 않고 살아갈 수 있는 사람은 없어. 먹고 살려면 농사를 지어야 하잖아. 농사는 사람 혼자서 지을 수 있을까? 아냐. 이제는 거의 기계로 바뀌었지만 농사를 거드는 소, 그리고 벼와 채소는 말할 것도 없이 흙과 물, 수많은 미생물 그리고 햇볕과 바람 따위가 두루 어우러져서 지어. 집이나 옷을 지을 때도 마찬가지야. 또 우리 몸에는 100조 개나 되는 세포가 있대. 몸 하나가 수많은 세포가 무리 지어 이룬 중생이라는 말이야. 그런데 벼리, 너 고무신 할배 윤구병 선생님 알지? 농사도 짓고 책도 쓰는 철학자야. 이 어른은 중생을 뭇산이라고 푸셨어. '뭇=수많은', '산=살아있는', '이=사람을 비롯한 목숨붙이'를 가리키는 말이니까 뭇산이는 '살아있는 수많은 이'라는 뜻이지.

아까 네가 물으면서 꺼낸 말이 "어리석은 중생"이었어. '어리석은 뭇산이'라고 써도 좋은 말일까? 세종 임금은 훈민정음에서 "어린 백성"이라는 말씀을 했어. 이를 흔히 '어리석은 백성'이라고 푸는 이들이 있는데 잘못이야. '어린'은 '어리다'에 뿌리를 둔 말로 '눈물 어린'에서 알 수 있듯이 무엇이 깃들어 차오르는 걸 가리켜. '어리석다'는 '얼이 삭다'는 말로 '어리다'와는 영 달라. '삭다'는 '썩다'는 말에 가까워. 삭거나 썩은 걸 멀쩡하게 돌려놓을 수 없듯이 어리석은 건 고치기 어려워.

그러나 아직 어려서 뭘 잘 모른다면, 알고 나면 바로 아는 사람이 되잖아. 세종 임금이 "어린 백성을 어여삐 여겨"라고 한 데 담긴 뜻은 정음, 바른 소리를 지어서 모든 백성이 글 모르는 데서 벗어나 어려움을 겪지 않도록 하려는 데 있었어. 그런데 하물며 부처님이 중생, 뭇산이가 어리석다고 하셨을까? 법정 스님도 "굳이 말하자면 깨달음은 보름달처럼 차오르는 것"이라고 하셨어. 어린 뭇산이(중생)에게 '앎'이 차오르면, 곧 뭇산이가 알기만 하면 바로 부처란 말씀이 아니겠어?

부처와 뭇산이(중생), 어떻게 다를까? 세상에 있는 것은 '모두 서로 힘을 보태 어울려 살리는 사이'라는 것을 헤아려서 이웃을 도두보며 살아가는 이가 부처야. 안타깝게도 아직 그렇게 살아야 하는 줄 잘 모르고, 저만 잘 살겠다고 아등바등하는 이는 뭇산이고.

부처가 따로 있고 뭇산이가 따로 있다면 싫든 좋든 부처는 부처로, 뭇산이는 뭇산이로 살 수밖에 없겠지. 개가 사람이 될 수 없고 사람이 개가 될 수 없듯이 부처나 뭇산이가 타고난 것이라면 부처는 아무리 못된 짓을 해도 부처이고, 뭇산이는 아무리 어진 짓을 해도 뭇산이일 수밖에 없지 않겠어?

다행스럽게도 우린 모두 부처님씨앗을 품고 태어났어. 그러니까 누구라도 부처처럼 생각하고 말하며 살아가면 부처이고, 제 욕심만 차리려고 들면 '뭇산이', 곧 '어린 부처'라는 말씀이지. 할아비는 오락가락 해. 어느 때는 부처가 되고 어느 때는 뭇산이가 되고…. 그러니 '어릿어릿한 부처쯤 되려나? 하하.'

화두가
뭐야?

Q　할아버지, 엊그제 신문에서 '세계평화, 그 화두는 무엇인가', 이런 글귀를 봤어. 화두가 뭐야?

A　화두는 이야기머리, 말머리를 가리키는 말이란다. 어떤 일을 풀어가는 실마리라고 할까. 어떤 말을 붙들고 거기에 담긴 뜻을 생각하고 또 생각하는 것이지. 화두는 불교에서 나온 말이야. 옛날에 스님들은 제자들을 깨우치도록 하려고 상식에 벗어나는 물음을 던졌어. '이 말도 안 되는 물음에 담긴 뜻이 도대체 뭘까?' 거듭 의심하면서 답을 찾아가는 것을 화두 수행이라고 해. 스님들은 아주 오래 전부터 이제까지 여름과 겨울철 절에 모여 화두 수행을 해오고 있어.

　　스승과 제자가 묻고 답한 '화두'를 모아놓은 책이 《벽암록》이야. 하나 이야기해 줄까. '남전 스님 고양이 죽이기'란 말씀이야. 남전 스님을 따르는 스님들은 동쪽과 서쪽에 나뉘어 살았어. 그런데 고양이 새끼 한 마리가 동쪽에서 밥을 얻어먹고 서쪽에 가서 잠을 자곤 했나 봐. 하루는 이 고양이를 두고 스님들이 서로 입씨름을 벌였대. 어찌나 시끄럽던지 남전 스님이 한 손에는 고양이 새끼 목덜미를 움켜쥐고, 다른 손에는 칼을 들고 서서

"어서 말해라. 제대로 말하면 이 고양이를 살려둘 테고 잘못 말하면 죽이겠다"고 했대. 그런데 아무도 답을 내놓지 못하고 꿀먹은 벙어리마냥 있었어. 그러자 남전 스님은 고양이를 칼로 베어버렸다는구나.

이 일이 있고 나서 나들이 갔던 조주 스님이 돌아와. 조주 스님도 남전 스님 제자야. 남전 스님이 그동안 있었던 일을 털어놓으니까, 조주 스님은 짚신짝을 벗어 머리에 이고 나가버렸어. 이걸 보고 남전 스님은 "조주가 있었더라면 선뜻 고양이를 살리려고 나섰을 텐데"하고 아쉬워했대.

무슨 이야기인지 알겠니? 알쏭달쏭하지? '남전 스님은 어째서 그런 말을 꺼내어 고양이를 죽음으로 몰고 갔을까?' 또 '조주 스님은 왜 머리에 짚신을 쓰고 나갔을까?' 그 모르는 것을 붙들고 생각을 거듭하는 것이 '화두'란다.

한번 생각해 보렴. 짚신은 발에 신는 것이지? 짚신을 머리에 쓴다고 해서 머리로 걸어 갈 수는 없어. 그렇지만 짚신 없이도 맨발로는 걸을 수 있지. 그러니까 남전 스님이 제대로 이르지 못하면 고양이를 죽이겠다고 했을 때, 스님들은 고양이부터 살려야 했어. 그런데 스님들은 스승이 던진 물음에 말로 답을 내놔야 한다는 생각에 빠져서 머리에 쥐가 나도록 고민만 했던 거야. 모르긴 해도 남전 스님은 누가 나서서 "아이고, 스님 괜히 애먼 고양이 잡지 마세요"하고 고양이를 낚아채기를 바랐을 텐데…. 조주 스님은 말에만 얽매여 고양이를 빼앗을 엄두도 내지 못한

스님들의 어리석음에 빗대어 짚신을 머리에 썼던 것이지.

　뭐, 남전 스님이 그 고양이를 진짜 죽였느냐고? 어디까지나 내 생각일 뿐이지만 죽이는 시늉만 하고 살려뒀을 것 같아. 오계에서 가장 먼저 나오는 것이 "산목숨 죽이지 말라"는 말씀이잖아. 화두를 드는 까닭도 뭇 목숨을 살리려는 데 뜻을 두고 있어. 그러니 살림을 벗어난 화두며 앎은 다 가짜야.

　이런 화두 문답은 1,700여 가지나 있어. 스님들은 이 가운데서 하나를 골라 화두를 들거나 아니면 스승에게 물음을 내려받기도 한단다. 물론 우리도 화두 수행을 할 수 있어. 이제껏 살아오면서 그저 그러려니 하고 믿고 따르던 것들이 참으로 맞는지 한 번 더 생각해 보는 것이지.

안거가
뭐야?

Q 할아버지, 요즘이 여름안거철이라고 하던데 안거가 뭐야?

A 안거는 산스크리트어 '바르시카varsika'에서 왔어. 바르시카는 비를 가리키는 '바르사varṣa'에서 온 말로, 비를 피해 집에 있다는 뜻이야. 인도는 열대 몬순 기후 탓에 비가 많이 내리는 여름이면 너무 덥고 비가 많이 내려 습도가 높아. 나다니다가는 비바람을 만나 다치거나 목숨을 잃을 수도 있지. 아울러 숲이나 들판을 오가다가 무심코 벌레들을 밟아 죽이는 일도 심심치 않았어. 그래서 부처님은 스님들에게 한여름 석 달 동안은 걸어다니면서 가르침을 전하는 일을 멈추고, 절에 머무르면서 오직 '스스로를 돌아보며' 참다움을 일깨우라고 하셨어. 불교가 사계절이 뚜렷한 중국이나 우리나라에 들어오면서 추위가 몰려오는 겨울에도 나다니기 힘드니까 겨울안거에 들도록 했지.

안거에 드는 것을 마음을 다진다는 뜻을 담아 '결제'라 하고, 안거를 마치는 것을 다진 것을 푼다고 해서 '해제'라고 해. 여름안거는 음력 사월 보름부터 백중날인 칠월 보름까지 석 달 동안, 겨울안거는 음력 시월 보름부터 다음해 정월 보름까지 석 달 동안 펼쳐져.

안거를 마친 스님들은 '만행'을 떠나. 만행은 안거 기간에 공부하고 익힌 참다운 뜻을 세상 사람들에게 펼치는 것을 뜻하는 말이야.

옛 스님들은 만행을 떠날 때 짚신을 삼아 바랑에 걸고 다니셨어. 그런데 짚신 절반은 아주 야무지게 삼고 나머지는 아주 성글게 삼아 가지고 다니셨다지 뭐야. 언제 돌아올지 모르는 나그네 길에서 없어서는 안 될 것은 야무지고 탄탄한 짚신이었을 거야. 그런데 어째서 성근 짚신을 반이나 넣어 가지고 다니셨을까? 스님들은 사람들이 많이 다녀 단단하게 잘 다져진 길을 걸을 때는 탄탄한 짚신을 신고, 풀섶을 걸을 때는 성근 짚신을 신었대. 탄탄한 짚신을 신은 발로 풀섶을 디디다가 자칫하면 벌레를 밟아 죽일 수도 있기 때문에 그러셨다는구나. 매 순간 다른 생명을 보살피는 마음을 스님들은 놓지 않으신 것이지.

법정 스님은 사람들이 여름에 수박을 먹고 수박씨를 마당에 뱉어놓으면 얼른 비를 가져다 쓸어버리셨어. 버려두면 흙으로 돌아갈 텐데 어찌 서둘러 치우시느냐고 하는 사람들에게 냄새를 맡고 몰려드는 개미를 자칫 밟을 수 있기 때문에 서둘러 치운다고 하셨지.

걷기를 좋아한 부처님

부처님은 깨달으신 뒤에 인도 곳곳을 다니며 가르침을
펴셨는데, 여든 살 돌아가시기 직전까지 안거를 하셨어.
참 대단하지? 노쇠한 몸으로도 수행을 놓지 않으신 거야.
부처님이 드신 마지막 안거는 여든 살 되던 해 왕사성에
있는 수도원이었대. 안거를 마친 뒤 편안히 쉬셔도 될 텐
데 산간벽지인 쿠시나가라로 가르침을 펼치러 떠나셨어.
그런데 가는 길에 그만 병을 앓게 되셨어. 그런데도 걸음
을 멈추지 않으셨어. 편안한 곳에 머물며 존경받기를 마
다하신 부처님은 마음이 힘들고 고통받는 사람들을 찾아
다니신 것이지. 깨달았더라도 게으르지 않고 힘껏 뜻을
펴라는 가르침을 몸소 보여주신 것이 아닐까 싶어.

업이
뭐야?

Q 할아버지, 지난 일요일에 절에서 놀다가 어떤 아이에게 떠밀려 넘어졌어. 내가 일어나면서 얼떨결에 "에이, 씨" 했는데 스님이 듣고 "거친 말을 하면 나쁜 업이 쌓인다며 좋은 말을 하라"고 했어. 그런데 업이 뭐야?

A 스님께서 참 좋은 말을 해주셨구나. 불교에서 업(業)은 '짓는다(행동)'는 뜻이기도 하고, 그 짓을 하게 만드는 속내(의도)를 가리키기도 해. 업은 신구의 삼업으로 나뉘어. '신(身)'은 '몸', '구(口)'는 '입', '의(義)'는 '마음'을 가리켜. 신업은 몸짓으로, 구업은 말버릇으로, 의업은 마음과 뜻으로 나타나지. 또 업은 좋고 나쁨으로 나뉘어. 좋은 몸짓, 좋은 말버릇, 좋은 생각, 반대로 나쁜 몸짓, 나쁜 말버릇, 나쁜 생각이 있지.

좋은 몸짓, 좋은 말버릇, 좋은 생각을 하도록 만드는 업(속내)은 바른 짓(삶 결)이 쌓이면 자연스럽게 드러나지. 거꾸로 나쁜 몸짓, 나쁜 말버릇, 나쁜 생각은 그릇된 짓(삶 결)이 쌓여서 일어나는 거고.

우리가 바른 행동을 해서 좋은 삶 결을 지니려면 먼저 참과 거짓, 옳고 그름, 할 짓과 못할 짓을 가릴 수 있어야 해. 바른 말을 하려면 참말과 거짓말, 고운 말과 거친 말, 할 말과 못할 말을 가릴 수 있어야 하고. 바른 몸짓이나 바른 말을 하려면 먼저 참답고 바른 마음을 품어야 해. 마음속에 무엇을 품느냐에 따라 착한 짓(선)과 나쁜 짓(악)을 짓게 된다는 거야.

그러면 바른 마음 품기는 어떻게 해야 할까. 할아비는 이렇게 생각하려고 애를 써. "나는 더없이 귀한 사람이다. 다른 사람도 나 못지않게 귀하다. 우리가 살아가는 데 없어서는 안 될 햇빛과 물, 공기와 곡식을 비롯한 푸나무와 벌레, 곤충이나 짐승도 나 못지않게 귀하다." 이렇게 생각하면 바른 몸짓과 바른 말을 하게 되어. 이를 테면 우는 아이를 보면 '아이에게 무슨 일이 있을까?' 걱정하는 마음이 일어나서 달래주게 되지, 누군가에게 도움 받을 때는 "고맙다"는 말을 건넬 줄 알게 되고. 또 누군가에게 괴로움을 끼쳤을 때는 "미안하다"고 말하게 되지.

참, 할아비가 말하는 이 '짓'이란 말이 낯설지? 국어사전에는 '짓'을 '몸을 놀려 움직이는 동작. 주로 좋지 않은 행위나 행동을 이른다'고 나와 있어. 하지만 '짓'은 나쁜 말이 아니야. 사전에 나온 말대로라면 우리 목숨을 살리는 '농사짓기'나 '집짓기'도 모두 짓을 일컫는데, 이것들이 좋지 않은 걸까? 사실 우리가 큰 나라인 중국에서 온 한자말을 오래도록 섞어 쓰다 보니 우리말을 깎아내리는 면도 있어.

벼리 너는 어른들이 쓰는 이런 말본새에 젖지 않으면 좋겠구나. 바른 속셈을 가지면 잘못되거나 뒤틀어진 것을 바로잡기도 해. 벼리처럼 어린 친구들이 우리말을 살려 쓰려는 버릇을 들인다면 '짓'이라는 말도 제자리로 돌아올 수 있지 않을까.

내 죄는 무게가 얼마나 될까?

불교 경전에는 사람이 죽으면 그 사람이 잘 살았나 못 살
았나 비춰주는 거울이 있다고 해. 업경대라고 하지. 죽고
나서 이 거울 앞에 서면 그동안 살면서 펼친 착한 짓과 나
쁜 짓을 낱낱이 보여준대. 마치 영화 한 편을 보듯이 말이
야. 그리고 나쁜 짓과 좋은 짓을 한 터럭도 빠뜨리지 않고
무게를 재는 저울도 있다고 해. 그러고 나서 무게에 따라
그 사람이 어느 지옥으로 갈지 정해진다는구나.

정말 지옥이
있을까?

Q 할아버지, 업경대 이야기를 듣고 나니까 조금 으스스해. 나쁜 짓하면 지옥 간다고 하는데, 정말 지옥이 있을까?

A 글쎄, 지옥이 참으로 있을까? 죽어봐야 알 수 있는데, 죽었다 살아 돌아온 사람이 있다는 얘긴 여태껏 듣지 못했어. 그래서 지옥이 있는지 없는지는 아무도 몰라. 할아비도 아직 지옥에는 가본 적은 없거든. 하하.

우스갯소리 하나 들려줄게. 어떤 사람이 지옥에 구경을 갔대. 마침 밥 먹을 때였어. 그런데 지옥에는 숟가락과 젓가락이 1미터나 된대. 너무 기니까 밥을 뜨고 반찬을 집어서 입으로 가져갈 수 없었어. 배가 고프니까 어떻게 해서든지 입에 넣어보려고 아무리 애를 써도 넣을 수 없었대. 여기저기서 밥을 흘리고 국을 쏟고 난장판이더래. 서로를 탓하며 다투기만 하다가 결국 밥을 조금도 먹지 못했대.

이번에는 극락으로 갔어. 거기도 지옥과 마찬가지로 수저 길이가 1미터이더래. 이곳 분위기는 지옥과는 영 딴판이었어. 어쩐 일이냐고? 극락에 사는 사람들은 밥을 뜨고 반찬을 집어서 제 입으로 가져가는 것이 아니라 맞은편에 앉은 사람들에게 떠

먹여주고 있었다는구나. 서로에게 맛있는 것을 더 주려고 애를 쓰다 보니 모두가 맛있게 식사를 했대요.

이 얘기를 듣고 극락과 지옥은 저 하기에 따라 그때그때 실시간으로 달리 만날 수 있겠구나 싶었어. 모르긴 해도 내 생각에는 극락과 지옥이 어디에 따로 있을 것 같지는 않구나. 원망과 욕설과 싸움이 있는 곳이 지옥이고, 평화와 기쁨과 존경이 있는 곳이 천국이 아닐까.

지옥 같은 마음, 하니까 할아비 초등학교 때 일이 생각나는구나. 그때 숙제검사를 날마다 내주고도 검사를 하지 않는 국어 선생님이 있었어. 나는 다른 건 몰라도 숙제만은 꼬박꼬박 잘 해갔어. 어느 날 같은 반 동무 집에 놀러갔다가 밤이 늦었어. 집에 가서 숙제해야겠다며 서둘러 일어났지. 그랬더니 동무가 숙제검사를 날마다 하는 것도 아닌데 더 놀다 가라고 하는 거야. 더 놀고 싶은 마음이 커서 슬그머니 주저앉아서 놀고 말았지.

다음날 아침 눈을 뜨면서부터 '선생님이 숙제검사를 하면 어쩌지?'하는 생각에 가슴이 막 뛰기 시작했어. 조마조마한 마음으로 학교에 갔어. 선생님들만 봐도 어깨가 움츠러들었지. 국어시간이 3교시에 들었는데 그 전에도 선생님과 눈도 마주치지 못할 만큼 마음이 무거웠어. 지옥이 따로 없었지.

드디어 국어시간, 선생님은 수업을 시작하기가 바쁘게 숙제검사를 하겠다며 공책을 펼치라고 했어. 그 순간 땅이 '팍!' 꺼져서 내가 그대로 사라져버렸으면 좋겠더라고. 숙제 안 해온 벌로 손바닥을 세 대 맞고 나서야 졸이던 마음이 풀어졌어. 그러니 큰 죄를 지고 도망 다니는 사람은 마음이 어떨까? 거꾸로 어려움에 빠진 동무들을 돕거나 학급이나 학교 일에 팔 걷고 나서서 말끔히 처리하고 나면 마음이 가붓하잖아. 이런 마음이 천국이 아닐까.

진짜 지옥세계가 있는지는 알 수 없지만, 우리가 살고 있는 이곳에서 지옥과 천국은 다 마음 짓기가 만들어내는 것임은 틀림없어.

무시무시한 지옥 이야기

부처님은 지옥이 있다 없다 말씀하지 않으셨어. 그렇지
만 여러 경전에 지옥 이야기가 나와. 어떻게 된 것일까?
불교가 생기고 그 가르침이 여러 나라로, 많은 사람들에
게 퍼지면서 그 땅에 뿌리내리고 있던 토착 신앙이 더해
졌어. 사람들이 지옥을 믿는 풍습은 고대시대부터 죽 있
었는데, 불교 가르침과 더해지면서 나쁜 업을 많이 지으
면 지옥으로 간다는 이야기가 생긴 것이지. 경전에 나오
는 지옥은 종류가 아주 많아. 너무너무 뜨거워서 불씨 한
톨로도 온 세계가 불타는 지옥이 있고, 거꾸로 너무너무
추워서 입이 얼어버려 말 한마디 못 하는 지옥이 있어. 칼
날로 된 나무가 가득한 숲을 지나가야 하는 지옥, 독사가
우글거리는 지옥, 아무것도 보이지 않는 컴컴한 곳으로
끝없이 떨어져야 하는 지옥이 있어. 너무 끔찍하지? 나쁜
업을 쌓는 것이 그만큼 무섭다는 걸 알려주는 게 아닐까.

기도하면 뭐든지
다 이룰 수 있어?

Q　할아버지, 대학수능시험이 있을 때면 사람들이 절에 가서 절하고 기도하는 모습을 텔레비전에서 봐. 그 많은 사람들이 하는 기도를 부처님은 다 들어주실 수 있나? 기도하면 뭐든 다 이룰 수 있는 거야?

A　벼리도 간절히 기도해야 할 일이 있니? 기도해서 다 이룰 수 있으면 참 좋겠는데 그렇지는 않은 것 같구나. 기도를 올린다고 반드시 답이 돌아오지는 않아. 바로 답이 없다고 해서 기도가 받아들여지지 않는 것은 아냐. 아직 알 수는 없지만 어디선가 뿌리내리고 움 틀 마련을 하고 있을지도 모르는 일이지.

　틱낫한 스님은 전화기가 있어도 개통하기 전에는 통화할 수 없듯이, 우리에게 기도를 이룰 수 있는 믿음과 자비, 사랑어린 기운이 없다면 개통하지 않는 전화기를 붙들고 얘기하는 것과 같다고 하셨어. 동떨어진 '나'란 없다는 것을 알고 뜻하는 대로 바뀌기를 간절히 바라며 마음을 다 쏟아야 한다는 말씀이야.

　나도 아침예불 때마다 '자연이 거기에 그대로 있기를' 그리고 '백두에 사는 아이도 한라에 사는 아이도 우리나라 사람이다. 우리나라 사람은 한데 어울려 살아야 한다'면서 어서 남북을 가로막고 있는 철조망을 걷어내길 빌어. 이 땅에 사는 이들이 서로 오가며 어울려 살기를 간절히 빌고 있어. 아울러 궂은일도 적지 않은 세상에서 우리 식구들이 이토록 기껍고 도타이 살 수 있도록 힘주셔서 고맙다는 인사를 올려. 또 가까운 이들을 한 사람 한 사람 떠올리면서 몸이 튼튼하고 마음이 평안하기를 빌고, 세상에 있는 모든 목숨붙이가 튼튼하고 편안하게 살기를 빌어.

할아비가 어릴 때는 기도한다는 말보다는 정성 드린다거나 빈다는 말을 흔히 썼어. 정성이란 있는 힘을 다하려는 참답고 성실한 마음을 일컬어.

법정 스님은 "아침에 올리는 기도는 하루를 여는 열쇠이고, 저녁 기도는 하루를 마무리하는 빗장"이라고 하셨어. 하루하루 간절하게 살아야 한다는 말씀이지. "기도는 사람에게 주어진 마지막 자산"이라고도 하면서 "기도는 무엇을 달라고 하는 것이 아니라 간절한 바람이다, 따라서 기도에는 목소리가 아니라 진실한 마음이 담겨야 한다, 진실을 담지 않은 말은 울림이 없다"고도 하셨어.

나는 기도는 바람이자 다짐이라고 여겨. 간절한 마음에 다짐이 담기지 않았더라면 부처님이 출가를 해서 오랜 고행을 하고 깨달음을 얻으려고도, 한평생을 맨발로 누리 곳곳을 다니면서 사람들을 일깨우려고 하지도 않으셨을 것이야.

사람들이 제 욕심만을 차리려고 기도하는 기복신앙을 꼬집는 까닭은 제 할 일은 제대로 하지 않으면서 복만 비는 것을 문제 삼는 거야. 무엇이 잘되기를 빌 때에는 깊이 마음을 모아 자연을 비롯한 이웃 덕분으로 이제까지 큰 탈 없이 살아서 고맙다는 절부터 올려야 해. 그 다음 바라는 것이 이루어지기를 간절히 빌어야지.

tip

기도 잘하는 법

불교에서 기도는 본디 발원과 참회, 둘로 나뉘어. 발원은 내가 바라는 게 무언지부터 바르게 세우고 하는 다짐이야. 그러면 무엇을 해야 그것을 이룰 수 있을지 알 수 있어. 노력은 조금도 하지 않고 대뜸 시험 잘 보게 해주세요, 라는 기도는 잘못된 거야. 먼저 시험을 잘 보고 싶다는 바람을 세웠다면 열심히 공부해야겠지? 그리고 나서 공부한 만큼 실수하지 않고 시험 보게 해주세요, 라는 기도가 올바른 기도법이지. 부처님도 노력하지 않는 사람은 어쩔 수 없지 않을까?

또 다른 기도인 '참회'는 평소 잘못한 일, 이를테면 함부로 말하거나 다른 사람에게 해를 끼친 일들을 솔직하게 돌아보고 반성하는 거야. 바라는 바를 세우고 저를 돌아보는 일은 우리 마음을 깨끗하고 고요하도록 해. 그러면 하루하루를 평화롭게 잘 보내게 되고, 가끔 힘든 일이 일어나도 잘 맞을 수 있지. 그러니까 기도는 마음을 평화롭게 하고 맑게 해주어. 그게 기도가 가진 힘이야.

명상은
어떻게 해야 해?

 Q 할아버지, 어제 학교에서 몇몇 아이들이 큰소리로 싸웠어. 그랬더니 선생님이 들어오셔서 '마음챙김 명상'을 같이 해보자고 했어. 나는 명상이 그저 방석에 앉아서 눈을 감고 있는 거라 생각했거든. 선생님이 시키는 대로 따라 하니까 마음이 조금 가라앉는 것 같긴 했는데….

A 벼리가 명상을 해보았구나. 명상은 어렵지 않아. 부처님도 보리수 밑에서 깊은 명상 끝에 깨달음을 얻으셨다는 거 기억하지?

'마음챙김 명상'은 여러 명상 방법 가운데 하나야. 먼저, '챙기다'는 말은 추운데 옷을 두툼하게 챙겨 입고 다니라는 말처럼 뭘 빠뜨리지 않았는지 살피라는 말씀이야. 마음챙김, 참 좋은 말이지? 그런데 할아비는 마음 다스림이 더 와 닿아. '마음 다스림'은 마음을 옹글게 다스린다는 뜻이야. 옳고 그름과 좋고 나쁨을 가릴 줄 아는 마음을 다 일깨워 살려서 옹글어지도록 하겠다는 말이거든. '다스림'은 다 살린다는 '다 살림'에서 왔어.

마음을 다 살려내어 참다운 마음을 거느리면 어떻게 될까?

이에 앞서 거느린다는 말이 어디서 왔는지를 짚어보자. 햇살이 따가워 견디기 어려울 때 그늘에 들어가면 서늘해서 쉴 수 있잖아. 다석 유영모 선생님이 말씀하시기를 그늘을 드리워 품어주는 것이 '그느림'인데, 차차 거느림으로 바뀌었다는구나. 그늘에는 금이 없어. 나와 남을 가르는 금을 없애고 마음을 잘 다스려 거느리면 갈라서고 다투려는 생각이 걷혀. 그러면 자연스럽게 저 뿐 아니라 더불어 사는 이웃하고도 사이가 좋아지지 않겠어?

이제 명상을 어떻게 해야 하는지 살펴보자. 여러 가지가 있지만 먼저 알려줄 것은 조용한 데에 가만히 앉아서 숨고르기를 하는 거야. 이때 골짜기로 물이 흐르는 소리, 새소리가 담긴 숲 소리나 명상음악을 틀어놓으면 더 좋아. 차분히 앉아서 가만가만 살살 아랫배에 숨을 깊이 내쉬고 들이마시기를 거듭해. 내쉴 때는 입을 살짝 벌리고 내쉬도록 해. 그런 다음에 입을 다물어버리면 저절로 숨을 들이마시게 돼. 호흡에서 '호'는 날숨을 '흡'은 들숨을 일컬어. 그러니까 내쉬기를 먼저 하고 나서 입을 다물면 저절로 숨이 아랫배에 들어차.

처음에는 너무 길게 할 것 없이 5분에서 10분쯤 하다가 몸에 익으면 차차 시간을 늘여가도록 해야 해. 숨을 고르다가 어떤 생각이 떠오르면 그 생각에 매이거나 따라가지 말고 '이런 생각이 떠오르는구나' 하고 알아차리면서 다시 숨 쉬는 데 마음을 모아 봐. 앉아서 하는 것이 지루하다면 아주 천천히 걸으면서 숨고르기를 해도 좋아. 그것도 어렵다고 느끼면 들이쉬고 내쉬는 호

흡을 하나, 둘, 셋... 세면서 느껴봐.

처음에는 낯설고 서툴러서 이어가기 쉽지 않을 거야. 거듭하면서 어려움을 넘어서야 해. 여름방학이나 겨울방학에 절에서 하는 템플스테이를 찾아가서 여럿이 어울려 몸에 명상하는 길을 들이면 더없이 좋겠지?

화가 나고 억울하고 슬플 때는?

막 화나고 짜증날 때 있잖아. 동무들이 내 말을 안 들어주거나 엄마아빠에게 혼나서 슬플 때도 있어. 그때는 잠시 생각하는 걸 멈추고 등을 곧게 세운 다음, 숨을 세보는 거야. 숨을 길게 내쉬면서 마음속으로 3초를 세고, 숨을 길게 들이마시면서 3초를 세는 거야. 이렇게 한 다섯 번쯤 하면 치솟던 느낌들이 고요해져.

3장

사찰에는
정말 신비하고
재미있는 이야기가
숨어 있지

헉헉헉…, 백운대 아직 멀었어요?

거의 다 왔어, 힘내!

힘들지만 경치는 정말 좋네요. 헉헉헉….

나는 벼리가 북한산을 좋아할 줄 알았지.

헉! 이렇게 깊은 산속에도 사찰이 있네요.

아, '국녕사'구나.

그러고 보니 우리나라 사찰은 왜 주로 산속에 있는 걸까요?

조선시대 억불정책 때문이지.

조선시대 전까지 사찰은 주로 도성 한가운데 있었어. 그 편이 부처님 말씀을 더 많은 백성과 나눌 수 있었을 테니까.

하지만 조선이 건국되면서 유교를 숭상하고 불교를 탄압하기 시작했어.

불교는 민심을 어지럽히고 현혹하는 사기입니다.

개국공신 정도전

조선 건국 초기에는 무학 대사가 조선의 수도를 정해주면서 그나마 한동안 숭불정책이 유지됐지.

훗날 세계적인 도시가 될 것입니다.

그 이후에는 왕이 바뀔 때마다 눈치를 볼 수밖에 없었어.

승려 허가증을 받고 싶거든, 옷감 100필을 바치거라.•

• **도첩제** : 승려가 되려면 양반은 100필, 양인은 150필, 천민은 200필의 옷감을 세금으로 바쳐야 했다.

게다가 연산군은 승려를 모두 노비로 만들었고, 중종은 조선에서 불교를 아예 없애려고 했어.

도저히 못 살겠다. 차라리 산속으로 숨어버립시다!

아, 그래서 산속에 사찰이 많아진 거로군요.

나는 자연인이다!

그런데 조선의 왕들은 대체 왜 불교를 눈엣가시로 여긴 걸까요?

불교뿐만 아니야.

어떤 종교든 왕권과 기득권을 위협하면 탄압을 피할 수 없었어.

갑자기 귀가 가렵네? 누가 내 얘기하나?

김대건 신부

일주문은 왜
기둥만 있어?

Q 어저께 엄마랑 절에 다녀왔어. 그런데 할아버지, 절에 들어가는 일주문은 문이라고 하면서 왜 문은 없고 기둥만 서 있어?

A 절 어귀에 두 기둥만 우뚝 서 있는 일주문은 절에 가면 가장 먼저 만나는 문이지. "문이 없는데 어째서 문이라고 부르느냐?"고 하는 물음은 할아비에게도 적잖은 생각거리를 던져 주는구나. 음…. 몇십 년을 절에 다니면서도 아무 생각 없이 드나드는 어른도 적지 않은데 벼리는 찬찬히도 살폈구나.

먼저 '일주'라는 말부터 살펴보자꾸나. 기둥이 하나밖에 없는 문이라는 얘기인데 기둥이 둘이 서 있단 말이야. 기둥이 하나밖에 없으면 문이 될 수 없지. 문은 울타리나 담과 이어져 있는데 일주문에는 잇대어 있는 야트막한 울타리나 높다란 담이 없어.

일주, 한 기둥이라는 말에는 한마음으로 들어와야 한다는 뜻이 담겼다고 하는 이들도 있어. 또 여기서부터는 바깥세상에서 겪는 여러 가지 생각갈래를 내려놓고 오로지 한마음으로 부처님께 다가서라는 뜻에서 일주문이라고 부른다는 얘기도 있고.

그런데 일주문 왼쪽과 오른쪽에 서 있는 기둥이 불교에서 빼놓을 수 없는 진리, 사성제를 가리킨다는구나. 한쪽 기둥은 괴롭다는 진리, 다른 한쪽은 마음 놓는 진리로 괴로운 문으로 들어가 마음 놓이는 문으로 나온다는 뜻이래. 2장에서 사성제를 이야기했지? 괴로움에는 고성제와 집성제라는 진리가 있고, 마음 놓임에는 멸성제와 도성제란 진리가 있지.

할아비 생각에는, 누구라도 넉넉한 부처님 품에 안기듯이 마음 놓고 드나들 수 있는 곳이라는 뜻에서 문도 울도 담도 세우지 않았다고 여겨.

벼리야! 네가 좋아하던 〈우리 집〉이라는 동요 생각나지? "내가 커서 아빠처럼 어른이 되면 우리 집은 내 손으로 지을 거예요. 울도 담도 쌓지 않는 그림 같은 집…" 이 노랫말처럼 절은 자유롭고 평화로운 그림 같은 집이야.

부처님은 늘 "우리는 모두 서로를 살리는 참 좋은 어깨동무"라고 하셨다고 했던 말 기억나? 울도 담도 없고 문조차 없는 일주문에는 삶이 힘들고 버거운 이들은 누구라도 언제든지 찾아와서 어깨동무하자는 뜻이 담겼어. 이 문 안에 들어설 때는 학교성적이 떨어질까 싶은 걱정, 누군가를 해코지하고 싶은 미움, 속상함, 슬픔일랑 다 내려놓고 일주문에 서서 오롯이 부처님과 하나 되려는 마음으로 손을 모으고 머리 숙여 반절을 올린단다. 그렇지만 부처님을 뵙는 게 너무 반가운 사람은 한달음에 달려들어가도 괜찮아. 참 좋은 어깨동무를 만나러 가는 길이니까.

119

사천왕이
누구야?

Q   할아버지, 절에 들어갈 때 지나는 천왕문에 눈을 부릅뜨고 무섭게 생긴 조각상이 있잖아. 그 사람들은 누구야? 꼭 장군처럼 보이는데….

A   사천왕이라고 해. 이를테면 경찰서장이야. 벼리도 알다시피 경찰관은 마을 사람 목숨과 재산, 권리를 지켜주잖아. 범죄가 일어나지 않도록 마을 곳곳을 살피고, 죄를 지은 사람을 찾아서 잡아들이기도 하고, 길을 잃어버린 아이나 할머니, 할아버지 집을 찾아 주기도 하면서 마을 사람들이 다리 뻗고 살 수 있도록 아우르지.

　　사천왕이 하는 일도 다를 바 없어. 생김새를 살펴보면 사람들을 괴롭히는 마귀를 잡아서 밟고 있어. 마귀들은 사천왕 발아래 깔려 있으면서도 뉘우치기는커녕 고개를 바짝 쳐들고 대거리해. 사천왕은 마귀를 제압하느라고 눈을 부릅뜨고 눈꼬리가 치켜 올라가 있지. 하지만 벼리처럼 착한 아이들한테는 더없이 다사로운 분이야.

　　사천왕은 본디 옛 인도 종교에서 떠받들던, 귀신을 다스리는 임금이었어. 부처님 가르침을 믿고 받아들이면서 부처님을

120

따르는 사람들을 돌보고 있지. 《금빛처럼밝은경》(금광명경) 〈사천왕품〉에는, '사천왕은 모든 두려움을 없애주고 침략자들을 물리쳐주며, 흉년에 곡식을 채워주며, 모든 질병을 낫게 해준다'고 나와 있단다.

사천왕은 동서남북 사방을 지켜. 동대문 경찰서장 격인 '지국천왕'은 '기쁨과 봄 살림'을 맡아 푸른빛을 띠고 있어. 대부분 오른손으로 옆구리를 짚고 왼손에 악기를 들고 있지. 사람들이 마음 놓고 살 수 있도록 하겠다는 뜻을 세워 온 누리를 파랗게 수놓는 분이야.

남쪽을 지키는 '증장천왕'은 '사랑과 여름 살림'을 맡아 붉은빛을 띤단다. 증장은 늘어나고 불어난다는 뜻이야. 곡식과 열매가 익어가도록 해서 누리를 이롭게 하는 분이지. 대개 오른손에 칼을 들고 있어.

서대문 경찰서장 격인 '광목천왕'은 '노여움과 가을 살림'을 맡아 하고 있는 분으로 흰 빛깔을 띠지. 광목, 눈이 큰 이분은 눈을 부릅뜨는 위엄으로 잘 익은 곡식을 앗아가려는 태풍 따위를 물리친대. 오른손은 용을 움켜쥐고 있고 왼손은 여의주를 쥐고 있지.

북쪽을 지키는 '다문천왕'은 '즐거움과 겨울 살림'을 맡고 있어. 검은빛을 띠는 분으로 사천왕 가운데 우두머리란다. 부처님이 계신 곳을 늘 지키면서 부처님 말씀을 가장 많이 들어서 다문천왕이라고 해. 가을걷이로 거두어들인 곡식이나 과일을 잘 나눠서 시재천왕이라고도 불리는데 대개 손에 탑을 들고 있어.

121

사찰로 들어가려면 문을 세 개나 지나야 해?

전통 사찰에는 보통 문을 세 개 지나도록 되어 있어. ① 일주문 → ② 사천왕문(천왕문) 또는 금강문 → ③ 불이문 또는 해탈문이야.

금강문에는 금강역사가 새겨져 있어. 역사는 아주 힘센 사람을 말해. 금강은 세상에서 가장 단단한 돌 다이아몬드를 가리켜. 다이아몬드보다 강한 사람이니까 힘이 무지막지 하겠지. 금강역사도 사천왕상처럼 불교를 지키는 임무를 띠어.

그 다음 지나야 하는 문은 불이문이야. 불이(不二), 둘로 나눌 수 없다는 뜻인데 있음과 없음, 남과 여, 아름다움과 추함…, 모든 것들은 둘로 나눌 수 없으며, 하나로 연결되어 있음을 잊지 말라는 것이지.

이리 가르고 저리 나누는 데에 젖어 있는 마음을 하나로 모아 일주문을 지나고, 금강문을 지나면서 나쁜 기운을 떨쳐내고. 모든 것이 따로 있지 않는다는 부처님말씀을 기억하면 비로소 해탈에 이른다는 뜻이야. 이 세 문을 지나면 비로소 절이 한눈에 들어온단다.

법당은 뭐하는 곳이야?

Q 할아버지, 법당이 뭐하는 곳이야? 교회에는 예배당이 있잖아.

A 쉽고도 어려운 물음이구나. 교회에서 예배당이 하나님을 예배하는 곳이라면 법당은 부처님 법을 나누는 데란다. 불상, 부처님 상을 모시고 있어서 '불전'이라고도 해. 이곳에서는 법문을 하는데 법문(法問)이란 진리, 참다움이 뭔지를 묻고 답한다는 말이지. 그밖에 온갖 법식, 진리를 드러내는 의례를 하는 곳이란다. 이렇게 말하면 잘 알려준 것 같지만 아니야.

왜냐하면 법(法)이 무엇이라고 말하기 쉽지 않기 때문이야. 부처님이 말씀하는 법은 인연 따라 옮아 흐르는 결을 가리키는 말씀이야. 사람들은 흔히 한자말로 무상(無常)이라고 해. '이 세상에 바뀌지 않는 것은 없다, 영원한 것은 없다'는 말씀이지.

벼리는 어떻게 태어났을까? 엄마와 아빠가 사랑해서 태어났어. 그러나 태어났더라도 밥을 먹지 못했으면 그 나이 먹도록 살아있을 수 없었을 거야. 네가 지금 여기 앉아서 할아비와 얘기를 나눌 수 있는 데는, 네가 알던 모르던 엄마와 아빠, 농사를 짓는 농부 그리고 햇볕을 비롯한 자연이 깃들어 있어.

부처님은 '사람을 비롯한 누리에 있는 모든 이들은 서로 기대지 않고는 잠시도 살아갈 수 없다'는 걸 깨달았다고 했지? 대통령이든 국회의원이든 판사든 또는 기업가나 노동자 모두 어머니 몸에서 나왔다는 점에서 다를 바 없어. 또 어느 누구라도 먹지 않고 사는 사람이 없으니 농부 신세를 지지 않는 사람도 없지. 다툼이 일어났을 때 판사 신세를 질 수밖에 없고, 학생은 선생님 신세를 져야하는 것처럼 사람들은 서로 기대지 않고는 잠깐도 살아갈 수 없단다.

이렇게 이 사람 힘이 저 사람에게 미치고, 저 사람 힘이 또 다른 사람에게 옮아 흘러. 그리고 네가 느끼지 못하지만 하루하루 자라고 있잖아. 이제는 키가 더 자라지 않는 할아비도 죽기 전까지는 머리카락이며 손톱발톱이 끊임없이 자라나. 시간 흐름이나 인연 따라 바뀌어 옮아 흐르지 않는 것은 없다는 것이 불교가 얘기하는 진리, 참다움이란다. 그러니 법은 참다움 또는 참다운 길이라고 얘기할 수 있어.

법당을 법회하는 곳이라고도 해. 법회는 참다움을 나누는 모임이란 말이야. 아까 얘기한 법문은 법 곧 참다움이 무엇인지 주고받는 것을 일컫는 말이지. 법당은 참다움을 나누는 곳이나 참다운 길을 찾아가는 이야기를 나누는 곳이라고도 할 수 있어.

절에는 왜 똑같은 건물이 많을까

법당은 절에 있는 전각을 모두 통틀어 쓰는 말이야. 사찰에는 똑같은 법당이 많은 것처럼 보이지만, 모습만 닮았을 뿐 하나하나마다 다른 뜻이 깃들어 있어. 절에는 '전'으로 끝나는 건물이 있고, '각'으로 끝나는 건물이 있어. 더해서 '전각'이라고 해. '전'은 대웅전, 대적광전, 광명전, 극락전, 무량수전, 약사전, 명부전 따위가 있어. 이곳엔 부처님상과 여러 보살, 뛰어난 선승 모습을 모셔둬. 각에는 산신각, 칠성각 들이 있는데 보통 우리나라 전통 신들이 모셔져 있지. 참, 요사채는 스님들이 사는 집이고, 정랑은 화장실인데 해우소라고도 해. 해우소는 걱정을 풀어주는 곳이라는 뜻이야.

만(卍)에는
무슨 뜻이 담겼어?

 Q 　할아버지, 며칠 전에 괘불탱화 사진을 봤어. 영주 부석사 괘불이라는데 부처님 가슴에 만(卍)이 그려져 있었어. 세계 제2차대전 때 독일 나치 깃발처럼 생겼던데 무슨 뜻이 담겼어? 점집 깃발에도 만(卍)이 들어있던데 어째서 그래?

A 　벼리가 퍽 꼼꼼히 살펴봤구나. 먼저 불교에서 만(卍)은 낯익은 무늬야. 법당 지붕 합각이나 서까래 마구리, 현판이나 불화를 비롯해 절 곳곳에서 찾아볼 수 있어. 지난번 할아비하고 실상사에 갔을 때 탑비를 등에 지고 있는 거북이를 봤지? 거북이 모양으로 된 받침대라고 해서 귀두라고 하는데, 그런 데 새겨 있기도 해. 만에는 '길상'이라는 뜻이 담겼대. 우리말로는 '더할 나위 없이 좋은 기운 또는 낌새'라고 할 수 있어.

　부처님이 보리수 아래에서 깔고 앉았던 풀 끝이 만(卍)처럼 생겼대. 깨달음을 가져온 풀이라고 해서 길상초라고 불러. 그 뒤로 만에는 '더할 나위 없이 좋은 기운'이 담겼다고 받아들여서 불교를 나타내는 무늬로 자리매김했어.

　만은 산스크리트어로 '스바스티카Svastika'인데 불경을 한자로 풀어낸 구마라습 스님과 현장 스님은 어질다는 뜻을 담아 '덕'으로 풀었대. 사람을 살리는 어진 기운을 넘어설 더할 나위 없이 좋은 낌새가 있을까. 이를 측천무후 때 만 가지 어짊을 드러낸다면서 만(卍)을 '일만 만(萬)'으로 읽도록 해서 오늘에 이르고 있어. 불교신문에 보니까, 불교를 연구하는 서양 학자들이 만자 가운데 꼭짓점을 떼어내고 'L'자 네 개를 만들어 새롭게 풀어냈대. 목숨(Life), 빛(Light), 사랑(Love), 자유(Liberty)라고 받아들여 생활지침으로 삼았다더구나.

벼리 네가 말했듯이 유럽 사람들은 대부분 이 무늬를 보면 독일 나치 정권을 나타내는 '하켄크로이츠(갈고리십자가)'를 떠올린대. 나치 정권과 히틀러는 2차대전을 일으켜 많은 사람 목숨을 앗아갔어. 그래서 독일 정부에서는 하켄크로이츠 무늬를 쓰지 못하도록 막는 법을 만들었대. 하켄크로이츠 꼴을 찬찬히 살펴보면, 만(卍)을 거울에 비춰 기울인 마름모꼴이야. 방향을 잘못 맞추거나 까딱 뒤집으면 뜻이 엄청나게 달라지니까 조심해서 써야겠지?

그리고 가끔 길을 가다 보면 빨간 바탕에 희게 또는 흰 바탕에 빨갛게 만(卍)을 새긴 깃발을 볼 수 있어. 대개는 점집이야. 점집에서는 어째서 만을 쓸까? 절처럼 보이려고 그랬다고 하는 사람도 있어. 그럴 수도 있지. 그러나 그렇게 몰아갈 수만은 없어. 왜냐하면 만(卍)은 불교에서만 쓰는 무늬가 아니거든. 조로아스터교나 힌두교를 비롯해 여러 종교에서 두루 쓰이는 무늬

로 '순환·알참·길상·빛·자비·목숨·자유·넉넉하다'와 같은 뜻
이 담겼대. 그러니 그 깃발을 내걸었다고 삿대질할 순 없어. 그
렇더라도 아쉬움이 남지 않는 건 아냐. 점집과 절을 구별하지 못
하는 사람이 있기 때문이지.

수리수리 마하수리,
뜻이 뭐야?

Q 할아버지, 만화에서 어떤 도사가 "수리수리 마하수리…"하며 주문을 외우는데 그 말이 불교에서 나왔대. 맞아?

A 하하, 그래. 무슨 소원을 들어주는 주문 같지? '수리수리 마하수리 수수리 사바하'는 《천수경》이란 경전에 나오는 구절인데 입을 맑히는 말씀이야. 우리말로는 "좋은 일이구나, 좋아. 더 할 나위 없이 좋으니 바라는 바가 잘 이루어지겠구나"로 풀 수 있어. 사람들과 좋은 말씀을 나누는 것이 더없이 좋다는 말씀이지. 불자들이 사시예불마다 거르지 않고 소리 내어 읊는 《천수경》에는 이를 비롯해서 우리가 지은 잘못을 깨끗이 씻을 수 있도록 힘을 주는 얼거리가 소복해. 독서가 책을 읽는다는 말이듯이, 독경은 경을 읽는다는 말이고, 부처님이나 보살님 이름을 되풀이해서 부르는 걸 염불이라고 해. 스님들이 목탁을 치면서 경을 읊는 것도 염불이야.

부처님 말씀을 소리 내어 읽다 보면 저절로 가락을 타면서 흥이 나. 그래서 독송이라고도 해. 목탁 소리에 맞춰 부처님 말씀을 읽어 내려가거나 부처님을 찾다 보면 잡생각이 들지 않고 오롯이 부처님 뜻에만 푹 젖어들곤 하는데 이를 가리켜 독경삼

매와 염불삼매라고 하지. 삼매가 뭐냐고? 마음이 고요하고 편안해지는 것을 뜻해. 우리가 독경을 하고 염불을 하는 까닭이 어디에 있을까? 부처님을 떠올리고 부처님 가르침을 새기면서 부처님처럼 살겠다는 뜻을 다지는데 있어.

석가모니는 '석가'라는 겨레붙이 가운데 가장 '거룩한 분'이란 뜻이야. 석가란 말에는 '막히고 서툰 데 없이 어질다'는 뜻이 담겼대. 부처를 한자로는 '불(佛)'이라고 써. 불교는 '부처님 가르침에 따라 사는 사람들이 이룬 동아리'란 말이야. 불자는 '부처님 가르침에 따라 사는 사람'을 일컬어. "석가모니불"을 염불하는 까닭은 우리도 석가모니부처님처럼 막히고 서툰 구석이 없이 둘레 사람들을 두루 보살피고 아우르는 어질어지겠다고 굳게 다짐하는 거야.

누구라도 부처님을 떠올리며 부처님 가르침에 따라 어려운 이웃 처지를 헤아려 감싸고 보듬는다면 그대로 부처님이 되는 거야. 염불을 하고 독경을 하는 까닭이 바로 여기 있어.

벼리도 날마다 아침에 일어나면 집을 나서기 전, 뜻을 새기면서 읊어 보는 건 어때? "수리수리 마하수리 수수리 사바하."

예불이
뭐야?

Q   할아버지, 오늘은 엄마랑 법당에 들어가서 예불을 올리고 왔어. 스님께서 종을 치고 경전을 읽고 사람들은 절을 했어. 뭔가 복잡해 보이던데?

A   그랬구나. 예불하는 뜻을 알면 복잡하지 않아. 예불이 시작된 건 언제일까. 부처님은 살아계실 때 많은 존경을 받으셨어. 사람들은 부처님을 뵈면 우리가 설날에 어른에게 세배를 드리듯이 부처님 발에 머리와 얼굴을 대면서 절을 했대. 세배란 설날에 "몸 튼튼하게 오래 사셔서 좋은 뜻 널리 펴시고, 그렇게 빚은 좋은 말씀을 많이 나눠 주세요" 하며 어른에게 올리는 절이잖아. 이처럼 예불은 부처님께 "참다운 가르침을 널리 펴주셔서 고맙습니다. 저희도 부처님 본을 받아 둘레를 두루 아우르겠습니다"하고 다지면서 절을 올리는 거야. 예불은 본디 '예배'라고도 했어. 예배는 이제 기독교에서 더 많이 쓰지만 말이다.
    절집에 내려오는 인사법은 세 가지가 있단다. 비손하고 허리 숙여 인사하는 '합장반배'가 가장 가벼운 인사야. 보다 깊은 인사로는 '우슬착지'라고 해서, 오른쪽 무릎을 꿇고 왼쪽 무릎을 세우고 가볍게 앉아 허리를 곧추 세우며 손 모아 올리는 인사가 있어. 우리나라 사람들은 하지 않는 인사법이야. 마지막으로 가장 정성껏 올리는 인사가 큰절 하기야. 큰절을 하면 머리와 두 무릎, 두 팔꿈치 다섯 군데를 땅에 닿는다고 해서 '오체투지'라 고도 해. 부처님을 우러르는 마음에서 올리던 절이 차츰 '예불의 식'으로 나아갔어.

설날에 어른에게 세배를 하면 덕담이라고 해서 좋은 말씀 을 나눠주시잖아. 부처님도 그와 같이 사람들이 부처님께 절을 올리고 나면 좋은 말씀을 나눠주셨어. 어떨 때는 저마다 지닌 고 민거리를 부처님께 털어놓고 어떻게 해야 할지를 여쭈었어. 그 러면 부처님은 슬기로운 답을 해주셨지.

부처님이 돌아가시고 나서는 부처님을 따르던 사람들끼리 둘러앉아 부처님이 살아계실 때 했던 말씀을 외워서 나누었어. 그 의식이 오늘까지 이어지고 있어. 날마다 부처님께 절을 올리 고 부처님이 남긴 가르침을 되새기려 독경을 하고, 부처님처럼 살겠다고 다지면서 염불을 하는 거란다.

법당에서 예불을 올릴 때는 어째서 절을 거푸 세 번 하는지 아니? 처음 올리는 절은 거룩한 부처님(불)을 우러르고 따르겠 다는 뜻을 담은 절이고, 두 번째 올리는 절은 소중한 부처님 가 르침(법)을 떠받들어 따르겠다는 마음을 담아 올리는 절이야. 세 번째 올리는 절은 청정한 승가(승)가 빚어진 뜻을 받들며 어울리 겠다고 다지면서 올리는 절이란다.

거룩한 부처님과 소중한 부처님 가르침, 청정한 승가를 묶어 '세 가지 보물'이라고 해. 줄여서 '불·법·승 삼보'라고 하지. 승가란 부처님을 비롯해 집을 떠나 절에 사는 '비구니(여성)', '비구(남성)' 스님 그리고 벼리나 엄마처럼 집에서 사는 '우바이(여성)'와 할아비와 같은 '우바새(남성)'가 어우러지는 커다란 동아리를 가리키는 말이야.

스님들은 집을 떠나 산다고 해서 '출가자'라고 하고, 벼리나 엄마처럼 집에서 사는 불자는 '재가자'라고 불러.

가만 보면 우리가 많이 쓰는 말 가운데는 불교에서 온 말들이 아주 많아. 모르면서 쓰고 있는 거지. 살림, 야단법석, 불가사의, 주인공, 찰나, 이심전심, 안심, 아수라장, 사물놀이, 이판사판, 작가, 지식, 강당, 관념, 무진장, 아귀, 나락, 대중, 면목, 명복… 너무 많아서 셀 수도 없어. 교회에서 쓰는 말이라고 여기는 '예배'나 '장로'도 불교에서 쓰던 말씀이야.

염주는
뭐하는 데 써?

Q 할아버지, 스님이 절에 자주 오니 좋다 하시면서 선물로 염주를 주셨어. 나는 팔찌, 엄마는 목걸이처럼 긴 염주를 받았어. 이 염주는 뭐하는 데 쓰는 거야?

A 버리는 좋겠다. 스님이 그렇게 예뻐하시니. '염불할 때 쓰는 구슬'이라고 하는 염주는 '생각하는 구슬'이라는 말이야. 염불하거나 경전을 외우고 또는 절을 할 때 하나하나 돌리면서 몇 번을 했는지 숫자를 센다고 해서 '수주'라고 부르기도 해.

    염주가 언제부터 만들어졌는지는 알 수 없어. 다만 이런 이야기가 《나무구슬경》(목환자경)에 전해진단다. 부처님이 살아계실 때 어떤 작은 나라 임금이 찾아왔어. 흉년이 잦아 사람들이 굶주리다 보니 도둑질하는 사람들이 생기고 "걱정거리가 끊이지 않는데 어떻게 하면 좋겠느냐?"고 하소연 해. 부처님은 "사람들이 시달림에서 벗어나 평화로워지려면 보리수나무 씨앗 108개를 구슬삼아 꿰어, 걷거나 앉거나 누울 때를 가리지 않고 정성껏 돌리라"고 말씀하셔. 그렇게 스무 번 백 번 계속 돌리다 보면 욕심이 떨어져 나가 몸과 마음이 평안해지므로, 그 마음으로 이웃을 만나면 어려운 가운데서도 서로 잘 어울려 지낼 수 있다고

135

하셨지.

구슬 108개나 54개를 꿰어 만든 염주를 '긴 구슬'이란 뜻으로 '장주'라고 불러. 네가 스님에게 받은 염주처럼 구슬이 많지 않아 손목에도 찰 수 있는 건 짧다고 해서 '단주' 또는 '합장주'라고 해. 드물긴 하지만 1080개를 꿰어 만든 아주 기다란 염주도 있단다. 절집 사람들은 염주를 굴릴 때마다 번뇌, 시달림을 하나하나 걷어낼 수 있다고 여겨. 구슬이 108개인 것도 108가지 걱정을 뜻해.

벼리도 '생각하는 구슬'인 염주를 받은 김에 부처님을 떠올리면서 마음모아 기도를 올려보렴. 생각하는 구슬이니 무엇을 빌어야 할지 생각해 봐야 하겠지? 부탄 사람들은 날마다 기도를 올리는데, 기도 내용이 조금 특별해. 식구들이 튼튼하고 마음 놓고 살기를 바라는 것도 아니고, 공부를 잘하게 해달라고 하지도 않고, 오로지 "산이나 강, 별과 달과 같은 자연이 거기 그대로 있기를" 비는 기도를 한다는구나. 놀랍지? 이 사람들이 올리는 기도 가운데 가장 시시한 기도가 뭔지 아니? "세상에 전쟁이 일어나지 않고, 인류가 평화롭기를 바라는 것"이래. 세상이 아무일 없이 평화로워야 나도 잘살 수 있다는 큰뜻을 알고 있는 것이지. 염주를 돌리면서 저런 기도를 하면 저절로 시달림에서 벗어날 수 있지 않을까?

목탁은
왜 치는 거야?

Q 할아버지, 절에 가면 목탁 소리가 참 듣기 좋아. 그런데 목탁은 왜 치는 거야?

A 하하, 목탁 소리가 듣기 좋다니 귀가 수준급이네. 목탁은 왜 치느냐고? 뜻밖이구나. 목탁소리를 들으면 머릿속이 맑아지고 마음이 놓인다는 생각만 했지, 왜 치는지는 그다지 생각해 보지 않았네. 음…, 목탁은 법회를 비롯한 불교 의식을 하는 데 있어 빼놓을 수 없는 악기야. 목탁 소리는 염불을 하거나 절을 할 때, 공양 시간을 비롯해 사람을 모이라고 하는 신호로도 써.

목탁은 물고기 모양을 본 떠서 만들었어. 목어라고도 해. 목탁에는 밤이고 낮이고 하루 내내 눈을 뜨고 있는 물고기처럼 늘 깨어 있어야 한다는 뜻이 담겨 있대. 목탁은 한자말인데 풀어보면 '나무로 만든 방울'이라는 얘기야. 조용한데 방울 소리가 나면 정신이 번쩍 들잖니? 그와 같이 목탁 소리가 참다운 얼을 일깨워 준다는 얘기지.

여기서 '참다운 얼이란 뭘까?' 부처님이 깨닫고 나서 하신 말씀이 "누리에 온통 나뿐이구나. 나 아닌 것이 없네!"였어. 네게는 좀 헤아리기 어려운 말일 수도 있는데, "몰랐을 때는 네가

137

남인 줄 알았는데 알고 보니 네가 나로구나!"하는 말씀이야. 사람끼리는 말할 것도 없고, 푸나무와 사람을 비롯한 동물은 우리와 따로 떨어져 있는 것 같지만 떼려야 뗄 수 없는 사이라는 얘기란다. 그러니까 생물이나 무생물이 서로 받쳐주며 살리는 사이라는 것을 알아 세운 줏대가 바로 참다운 얼이야.

절에는 목탁 말고도 물고기 모습을 한 것들이 많아. '목어'라고 하는 나무로 만든 커다란 물고기가 있고, 처마 끝에 달린 풍경도 자세히 보면 물고기가 작은 종 안에 들어있지. 절에 가면 어디선가 댕그렁 하면서 맑은 소리가 들려오잖니? 풍경이 바람에 흔들리며 내는 소리란다.

그리고 흔하지는 않지만 불상을 올려 놓는 단에 물고기와 연꽃 무늬를 새기기도 해. 김해에 있는 은하사나 동림사 대웅전에 가면 볼 수 있어. 고고학자 김병모란 분이 불단에 물고기 두 마리가 그려진 까닭을 따라 인도와 중국을 비롯한 여러 나라를 여행하다가 네팔 5세기 불교사원 조각품 화병에 그려진 물고기 한 쌍을 만났대. 내력을 알아보니 화병은 부처님 몸, 밧줄은 끝없는 인연 매듭으로 이어진 부처님 염통, 물고기는 부처님 눈이고 연꽃은 평화를 가리킨다는구나.

할아비는 이 말을 듣고서야 목탁을 치는 까닭이 우리 마음 속 부처 눈을 부릅떠서 "너 없이는 나도 살 수 없다"는 것을 놓치지 말고, 온 누리를 "평화롭고 참되게" 하려는 데 있다는 걸 알았어.

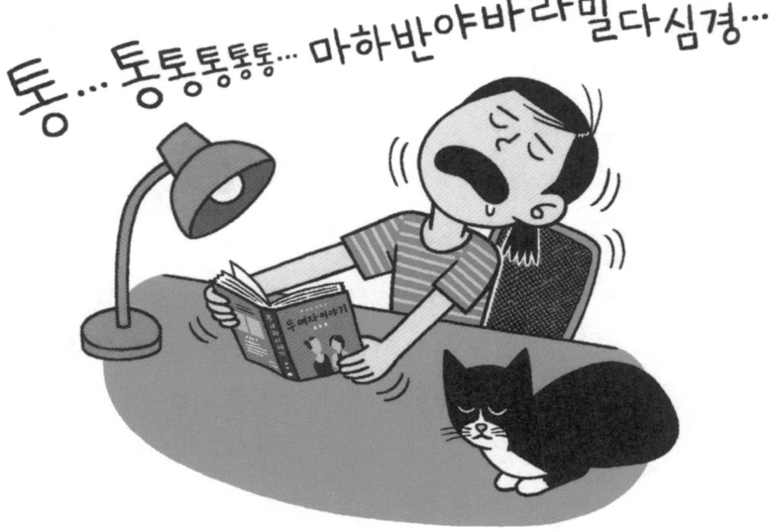
통… 통통통통통… 마하반야바라밀다심경…
두 여자 이야기

절에 가면
왜 대웅전에 가장 먼저 가?

 Q 할아버지, 절에 가면 엄마는 곧장 대웅전부터 가. 스님도 나를 보면 큰법당 다녀왔냐고 묻기도 하고. 어째서 대웅전에 가장 먼저 가?

A 벼리가 대웅전을 알 만큼 절집과 가까워졌구나. 대웅전은 절집에서 가장 큰 법당이야. 불교를 만든 석가모니부처님 상을 모신 곳이지. 대웅이란 큰 영웅이란 말이고. 영웅이란 여느 사람들이 할 수 없는 큰일을 해서 빼어난 자취를 남긴 분을 가리키는 말이잖니. 그래서 불교를 만들어 사람들을 어려움에서 벗어나도록 아우른 부처님을 모시는 대웅전이 절 중심을 이루고 있어.

대웅전에는 부처님과 두 보살을 모시는 불단이 있어. 불단 이름이 '수미단'인데 석가모니부처님을 가운데 모시고 왼쪽에는 가장 슬기롭다는 문수보살, 오른쪽에는 늘 앞장서서 어진 짓을 한다는 보현보살이 자리 잡고 계셔. 슬기로움은 어떻게 해야 세상이 제대로 돌아가는지를 꿰뚫어 알아 일머리를 헤아리는 힘이야. 문수보살은 사람이 어떻게 해야 올바르게 살아갈 수 있는지 일머리를 꿰뚫고 있는 보살이지.

보현보살이 일구어가는 자비로움에서 '자'는 사랑을, '비'는 글썽이는 마음을 가리켜. 네가 학교에 가는데 네다섯 살 먹은 애가 뛰어가다가 넘어져서 울고 있어. 얼른 일으켜 세우고 보니 무릎이 깨져 피가 나. 그걸 보는 순간 마치 네가 다친 것처럼 마음이 아리지 않겠니? 이런 걸 '비', 글썽이는 마음이라고 해. 짚어보면 '자'와 '비'는 다른 말이 아니야. 자비심을 간단히 풀면 '사랑 어린 마음'이란 말이야. 그리고 네가 달려가 아이를 일으킨 것을 '사랑 어린 짓'이라고 하지.

일구고 짓는다는 것은 뭘까? 일군다는 말은 밭이나 논을 간다는 말이기도 하고, 일을 이뤄간다는 말이기도 해. '스스로 지어 스스로 받는다'는 것을 아는 것이 불교 첫걸음이야. 불교는 신을 믿으면 구원을 받을 수 있다고 하는 종교가 아니야. '사랑 어린 마음'이나 '사랑 어린 지음'은 누가 지어서 주는 것이 아니라 스스로가 뿌리 내리고 싹을 틔우고 꽃을 피우고 열매 맺어가는 거야. 이처럼 고운 결을 지어가는 데는 보현보살을 따를 이가 없대.

부처님 가르침을 누구보다 잘 아우르고 지어가는 두 보살이 부처님을 모시고 있는 곳이 바로 대웅전이지. 절에 가면 어느 곳보다 대웅전을 먼저 찾는 까닭은 문수, 보현보살 못지않게 부처님 뜻을 받들어 삶을 슬기롭고 어질게 지어가겠다고 다지려는 데 있어.

탑돌이를
왜 해?

Q   할아버지, 어제는 엄마랑 종로에 있는 조계사라는 절에 갔어. 도시 한복판에도 절이 있어서 놀랐어. 큰 탑이 있었는데 사람들이 손을 모으고 빙글빙글 돌았어. 한참 탑 둘레를 돌던데, 왜 그런 거야?

A   벼리 너도 엄마와 함께 탑을 돌았니? 탑돌이를 얘기하기에 앞서 어떻게 해서 탑이 세워졌는지부터 알고 가는 게 좋겠구나. 인도에서는 오래 전부터 사람이 죽으면 불에 태워 화장을 했어. 불교에서는 화장을 '다비'라고 해. 부처님이 돌아가셨을 때 다비를 했더니 구슬처럼 생긴 유골이 아주 많이 나왔대. 이것을 '사리'라고 해. 사람들은 탑을 세우고 그 안에 부처님 사리를 모셨어. 석가모니 사리를 모셨다고 해서 '석가탑'이라고 불렀지.

그런데 세월이 한참 흐르고 난 뒤에 "이건 아니야!"라고 외치고 나온 이들이 있었어. 부처님은 살아계실 때도 "내가 펼쳐 보인 뜻이 올바른 줄 알았으면 뜻을 따를 일이지, 내 몸을 우러르고 받들어서는 안 된다"고 하셨다는 거지.

또 돌아가시기 전에도 "부처님이 떠나고 나면 우리는 무엇에 기대어 사느냐?"며 울부짖는 제자들에게 "내게 기대지 말고 참다움을 드러내 스스로 빛내라"고 하셨는데, 부처님 몸에서 나온 사리를 섬기다니 부처님 뜻에 어긋난다고도 했어. 그러고는 부처님 가르침을 담은 불경을 넣은 탑을 쌓아. 참다운 말씀은 헤아릴 수 없이 많은 보물이라고 해서 이름이 '다보탑'이야.

벼리 네가 교과서에서 배웠다시피, 신라 사람들은 부처님 뜻이 가득한 살기 좋은 나라를 이루고야 말겠다는 다짐으로 서라벌에 절을 짓고 '불국사'라고 이름 붙였어. 불국사에 가면 석가탑과 다보탑이 나란히 서 있잖아. 아까 말했듯이 두 탑은 서로 어울리기 어려운 탑들이야. 그런데 통일신라 사람들은 둘 다 놓치기 싫어서 석가탑과 다보탑을 한꺼번에 모셨어. 욕심이 많지?

우리나라 탑돌이 전통은 신라 때부터 이어오고 있다고 알려져 있어. 사람들은 부처님 사리가 모셔진 탑을 도는 것은 부처님께 절을 올리는 것과 같다고 받아들였어. 또 불경이 모셔진 탑을 도는 건 부처님이 펴신 뜻을 받들어 따르겠다는 다짐이라고 여겼지. 예나 이제나 많은 사람들이 탑돌이를 하면서 부처님과 같아지기를 빌고, 부처님 뜻에 따라 올곧고 바르게 이웃을 아우르면서 살겠다고 다지고 있어.

절에선 어떨 때
종을 쳐?

Q 할아버지, 절에 가면 커다란 종이 있잖아? 그런데 절에 갔을 때 종소리를 한 번도 듣지 못한 거 같아. 종은 언제 어떨 때 쳐?

A 범종각을 보았구나. 거기 모신 커다란 종을 범종이라고 해. 여기서 '범'은 인도 말 '브라만brahman'을 옮긴 말로 '맑다'는 뜻이 담겼어. 그러니까 범종은 '맑은 소리가 나는 종'이란 말이야.

범종은 아무 때나 치지 않아. 새벽예불을 올릴 때 28번, 저녁예불을 드릴 때는 33번을 쳐. 아주 특별할 때 치기도 하는데 스님들이 돌아가셨을 때란다. 벼리는 새벽이나 저녁 때 절에 간 적이 없어서 범종 소리를 듣지 못한 게지. 그런데 도시 한복판에 자리한 절 가운데는 새벽이나 저녁에도 종을 치기 힘들어. 도시에는 많은 사람들이 모여 살기 때문에 곤히 잠든 사람들을 깨울 수도 있으니 조심스러워서야.

종을 치는 까닭은 하늘이나 지옥을 비롯해 누리에 사는 모든 이들에게 부처님 목소리를 들려주려는 데 있어. 범종 소리에는 지옥에서 고통받는 넋들이, 참다움이 무엇인지 깨달아 깊이 뉘우치고 지옥에서 벗어나도록 하려는 데 큰 뜻이 있대.

'에밀레종'이라는 말을 들어봤지? 많은 전설을 품고 있는

'에밀레종'은 겉모습은 말할 것도 없이 맥놀이가 길게 여울져서 세상 어떤 종소리도 따라올 수 없을 만큼 소리가 깊고 아름답다고 알려져 있어. '맥놀이'는 종을 치고 나서 퍼지는 울림을 일컫는 말이야. "댕에에에에에에엥~" 이렇게 말이야. 할아비가 한번은 어느 절에 가서 범종이 울릴 때 그 울림이 얼마나 오래 가는지 숫자를 세어 보았거든. 60도 더 센 것 같아. 하하. 이렇게 깊고 울림이 오래가야 지옥에까지 소리가 닿을 수 있겠구나 생각했단다.

참, 에밀레종은 신라 성덕대왕신종을 가리키는데 겉에 종을 만들어 단 까닭을 돋을새김 해놨어. 몇 마디 풀어보면 이런 뜻이야.

"깊은 진리는 겉으로 드러나지 않은 것도 아우르니, 눈으로 보면서도 알지 못하고 참다운 소리가 하늘과 땅에 울려 퍼져도 메아리치는 까닭을 알지 못한다. 부처님께서 때와 사람에 따라 알맞은 비유로 참다움을 알게 하듯이, 신령스러운 종을 달아 본디 참다운 소리를 듣도록 하려고 한다. 부처님 말씀을 글로 받아 옮기면 불경이고, 부처님 생김새를 빚으면 불상이고, 부처님 목소리를 옮기면 종소리니라."

"본디 참다운 소리를 듣게 하려고 부처님 목소리를 옮겼다"는 말씀에서 예불 때 종을 치는 까닭을 알 수 있겠지? 언젠가 부모님과 함께 절에서 하룻밤 묵으면서 범종 소리를 들어보는 것도 좋을 것 같아.

절에 있는
사물이 궁금해

 Q 할아버지, 학교에서 사물놀이 공연을 봤어. 생각해 보니 절에도 사물이 있다는 말을 들은 것 같아. 절에는 어떤 사물이 있어?

A 우리나라 전통음악인 사물놀이와 절에서 말하는 사물은 좀 다르단다. 사물은 단지 네 가지 물건이라는 말이야. 절에 있는 사물은 법고, 범종, 목어, 운판을 가리켜. 모두 불교 의식을 이끄는 악기란다.

불교 의식은 대개 법고라는 큰 북을 치면서 열어. 아침저녁 예불하기 전에 법고를 먼저 치고 그 다음에 범종, 목어, 운판을 차례로 쳐. 법고는 법, '참다운 뜻을 널리 알리는 북'이라는 뜻인데, 북소리가 온 누리에 널리 퍼져 온갖 시달림을 떨쳐내고 살아 있는 모든 목숨붙이를 깨우치는 악기라는 데서 범종과 비슷해. 커다란 이 북은 암소와 숫소 가죽을 양쪽에 대어 만드는데 지름이 2미터에 이르는 커다란 것도 있어. 법고는 커다란 만큼 소리도 우렁차 울림이 깊어. 재료가 나무와 쇠가죽이라서 소나 말과 같은 동물도 일깨우려는 큰 뜻을 담고 있다고도 해. 스님들이 법고를 칠 때는 북채 두 개로 한문으로 '心(마음 심)' 자를 그리면서

146

두드려. 마치 군대가 북소리를 듣고 앞으로 나아가듯이 부처님 가르침이 힘차게 누리에 뻗어나가기를 바라는 마음에서 가장 먼저 북을 치는 거래. 몸통에는 대개 용을 그려 넣는데 용은 부처님을 지키겠다는 뜻을 가진 여덟 신 가운데 하나야.

법고를 친 다음에는 범종을 쳐. 범종 이야기는 지난번에 나눴으니 건너뛰고, 목어 얘길 나누자꾸나. 목어는 나무로 된 물고기란 뜻으로, 물에 사는 목숨붙이들을 일깨우는 악기야. 머리는 용이고 몸은 물고기 모양이지. 뱃속은 비어 있어. 배 밑이 뚫려 있는데 그 속에 긴 막대기를 넣고 두들기며 소리를 내. 목어를 가지고 다니기 편리하게 물고기 눈과 입만 남기고 단순하고 작게 깎은 것이 목탁이지. 목어는 사물 가운데서 가장 소리가 작은 편이야. 그렇지만 밤에도 눈을 뜨고 자는 물고기처럼 늘 스스로를 가다듬고 일깨우려고 한다는 깊은 뜻이 담겨 있어.

마지막으로 운판은 구리로 만든 금속판을 두들겨 소리를 내는데, 범종보다는 맑고 경쾌한 소리가 나. 운판이란 구름판이란 말이야. 하늘을 날아다니는 날짐승들을 일깨우려고 친단다. 운판에 새겨진 무늬는 뭉게구름 모양이 가장 흔하고, 해와 달이나 보살상이 새겨 있어. 중국 송나라 때 절들은 운판을 재를 올리는 당이나 공양간에 매달아 두고 대중들을 모이게 할 때 썼다고도 해. 사물에는 드넓은 하늘에서 깊은 바닷속 그리고 지옥 끝까지, 산 사람과 죽은 사람은 물론 작은 미물까지 두루두루 부처님 가르침이 퍼지길 바라는 아주 큰 뜻이 담겨 있어.

법당 벽에 왜
소 그림이 그려져 있어?

Q   할아버지, 절에 가면 법당 바깥벽에 그려진 소 그림을 자주 봐. 소를 타고 가는 아이도 있고, 무슨 그림책 같기도 한데…, 무슨 이야기인지 알고 싶어.

A   하하, 그 그림을 〈십우도〉라고 한다. 네 말처럼 그림책이라고도 할 수 있지. 법당에 그려진 벽화는 크게 두 가지야. 벼리 네가 본 '열 가지 소 그림(〈십우도〉)'과 부처님 일대기를 담은 '〈팔상성도〉'가 가장 많단다. '열 가지 소 그림'은 수행자가 꾸준히 마음을 닦아 본디 지닌 마음결(불성)을 찾아가는 흐름을 담고 있어. 본디 마음을 찾아가는 것을 잃어버린 소를 찾는 데 견줘 열 가지 그림으로 나타낸 거야. 차근차근 살펴볼까.

① **아이가 소를 찾아나서는 그림** : 잃어버린 본디 마음이 어디 있나 찾아 떠나는 모습을 담았지. 수행길에 들어섰음을 뜻해.
② **아이가 소 발자국을 찾아내는 그림** : 열심히 찾아다닌 끝에 소 자취를 발견했어. 수행을 열심히 하니 '참다운 마음'이 있다는 실마리를 잡게 된 것이지.
③ **소 뒷모습이나 소꼬리를 본 아이 그림** : 실물을 본 거니까, 본

디 제 마음자리를 어렴풋이 봤다는 뜻이야.

④ **아이가 소를 잡고 고삐를 쥔 그림** : 드디어 소를 발견하고 냉큼 고삐부터 잡았어. 참다운 마음을 찾았지만 그래도 아직 갈 길이 멀어. 더 열심히 노력해야 하지.

⑤ **아이가 소에 코뚜레를 뚫어 끌고 가는 그림** : 누렇던 소가 조금씩 하얗게 바뀌어가고 있지? 몸이 하얗게 바뀌어가는 것은 길들여짐을 뜻해. 꼴도 베어다주고 물도 주면서 아까 찾은 본디 마음이 튼튼하게 자리 잡도록 힘쓰는 거야. 그래도 아직 마음 놓기는 어려워. 본디 마음결을 찾았다고는 하지만 그동안 길들여진 버릇이 남아 있어서 언제 또 소(본디 마음결)를 잃어버릴지 알 수 없거든.

⑥ **하얀 소를 탄 아이가 피리 불며 집으로 돌아오는 그림** : 아이가 소를 완전히 길들였어. 본디 마음결을 따르니 무엇에도 걸림이 없고 즐거운 것이지.

⑦ **소가 온데간데없이 아이 혼자 앉아 있는 그림** : '나'에 매달리는 것마저 벗어났음을 일컫지.

⑧ **소도 아이도 없고 동그라미만 그려진 그림** : 좀 어려운 얘기일 텐데, 소(참다움)도 아이(나)도 너나들이 실체랄 것이 없이 어우러져 두루(공) 하다는 것을 알아차렸다는 뜻이 담겼어.

⑨ **물이 흐르고 꽃이 핀 산 그림** : 산은 산대로 물은 물대로, 있는 그대로 볼 수 있는 마음결과 참 지혜를 갖췄다는 말이지.

⑩ **삿갓을 쓴 스님이 마을로 들어가는 그림** : 있는 그대로 보는

바른 마음결을 갖춘 수행자가 다른 사람들도 저처럼 참다운 마음결을 찾도록 돕겠다고 다지면서 마을로 들어서는 모습 이야.

다음에 절에 갈 때는 이 이야기를 새기면서 그림을 보면 좋겠구나.

관세음보살은
참으로 손이 천 개일까?

Q 할아버지, 천수천안관세음보살은 손과 눈이 천 개라고 하던데, 참으로 그래?

A 벼리가 천수천안관세음보살님 그림을 보았구나. 바르게 말하면 부처님은 아니야. 부처님과 보살이 어떻게 다른지 살펴볼까. 부처님은 깨달음을 얻으면 모두 부처가 될 수 있다고 하셨지. 그런데 부처님 시대에, 깨달음을 얻고서도 부처가 되어 열반에 들지 않고 세상에 남아 중생들을 돌보겠다고 한 분들이 여럿 있어. 그분들을 보살이라고 해. 그 가운데 한 분이 관세음보살이야. 관음보살, 관자재보살이라고도 하지. 세상에 퍼지는 모든 소리를 듣고 살핀다는 뜻이지.

관세음보살님이 깨달음을 얻고 보니 삶이 고달파서 끙끙 앓고 있는 이들이 많더란 말이야. 그래서 '이이들을 어려움에서 벗어나게 해야 하겠구나' 하는 뜻을 세워. 그러고는 누리 곳곳을 샅샅이 살펴 삶이 버거워 쩔쩔매는 이들이 어려움에서 벗어날 수 있도록 손 내밀어 보듬어주려고 하셨지. 지금도 어딘가에서 애를 쓰고 계셔.

참. 저번에 할아비랑 길상사에 가서 관세음보살상을 본 거

151

기억나지? 다른 절에서 보는 관세음보살상과는 생김새가 다르 잖아. 그걸 만든 분이 최종태 선생님인데, 조각하기 전에 법정 스님에게 이렇게 물었어. "관음보살상 머리에 쓰고 있는 관이 무엇입니까?" "관음보살이 들고 있는 병은 무슨 병입니까?" "손 은 왜 들고 있습니까?"하고. 그때 법정 스님은 외마디로 "꽃관입 니다." "맑은 물병입니다." "아픔을 보듬는 손입니다"라고 답하 셨대. 길상사 관세음보살이 머리에 쓴 꽃관은 연꽃 같아. 연꽃은 진흙탕에서 자라지만 더러움에 물들지 않고 맑고 곱기 때문에 불교를 잘 드러내는 꽃이란다. 왼손으로 품에 안고 있는 맑은 물 병에 든 물을 감로수, '단물'이라고 하는데 목마른 이 목을 적셔 주는 물이야. 오른손바닥을 펴든 까닭은 어려움에서 벗어나게 해줄 테니 '아무 걱정하지 말라'는 손짓이고.

우리나라 불자들이 예불에 앞서 빠뜨리지 않고 여럿이 소 리 내어 읽는 경전이 《천수경》이야. 천수란 손이 천 개라는 뜻 으로 관세음보살님을 가리키는 말씀이지. 불자들은 《천수경》을 읽으면서 우리도 관세음보살처럼 세상 곳곳에서 어려움을 겪는 이들에게 힘을 북돋아주며 어려움에서 벗어나도록 다사로운 손 길을 내밀겠다고 다짐하지.

지난해 10월 태풍 차바가 몰아쳐 울산에 인명 피해가 나고 100여 가구 300여 명이 넘는 이재민이 생겼잖아. 그때 나라 곳 곳에서 천여 명이 넘는 자원봉사자들이 몰려가 비지땀을 흘리 며 빗물에 떠내려 온 세간살이와 진흙 범벅을 이룬 쓰레기를 걷어내고 흙탕물을 씻어냈지. 그때 벼리 네가 우리나라에 좋은 사람이 참 많다고 했단다. 그 사람들이 바로 천수천안관세음보살이 아닐까.

이처럼 천수천안이라는 말은 한 사람에게 손과 눈이 천 개가 달렸다는 것이 아니야. 옛날에는 '백'이나 '천'에 모든 것을 아우르는 우리말 '온'이란 뜻이 담겼다고 받아들였어. 그러니까 모든 눈길과 손길을 다 끌어 모아 어려움을 겪고 있는 사람이라면 누구 한 사람도 빠뜨리지 않고 살펴보고 살려내겠다는 뜻이지.

부처님을 따라다니는 비서들

불교를 헤아리는 데 놓쳐서는 안 될 보살이 네 분이 있어.
부처님 손길이 닿지 않는 일을 맡아서 하는 보살들이야.
비서 노릇이라고 보면 돼. 문수보살은 매우 슬기로워서
부처님 옆에서 슬기로움을 퍼뜨리고 계셔. 보현보살은
어질고 덕이 많아 부처님 곁에서 사람들 아우르며 사람
들이 어질어지도록 도와. 관세음보살은 도와달라는 비명
소리가 들리면 어디라도 달려가 살려내. 지장보살은 아
직도 지옥에서 고통받는 이들을 살리려고 이리 뛰고 저
리 뛰고 계셔.

절에는 불상이
왜 그렇게 많아?

Q 할아버지, 석가모니불, 아미타불, 관세음보살, 지장보살, 문수보살, 보현보살… 절에는 불상이 왜 그렇게 많아?

A 석가모니부처님이 이 세상에 오시기 전에 오셨던 부처님이 스물여덟 분이나 계셨다는구나. 누구나 부처가 될 수 있으니까, 그토록 많은 부처님이 계셨을 테지? 할아비도 어려서 절에 가면 어리둥절했어. 요즘도 다를 바 없긴 해. 어느 분이 어떤 부처님인지 가려보기 어렵거든.

더구나 부처님은 몸이 셋이나 되신대. 부처님은 늘 당신이 한 말씀은 언제라도 그 자리에서 바로 드러내 보일(증명) 수 있다고 하셨으니 힘껏 드러내볼까? 화신·보신·법신이라는 세 가지 부처님 몸을 하나하나 짚어보자.

① '화신'에서 가리키는 화는 '이룰 화'로 현실에서 참다움을 드러내 이룰 수 있다는 말씀이야. 신은 몸을 가리키는 말이고. 화신불 본보기는 2600여 년 전에 우리와 똑같은 몸을 가지고 실제로 이 세상에 오셔서 법문, 곧 참다움으로 드는 문을 활짝 열어젖혀 사람들을 흔들어 깨운 석가모니부처님이란다.

② '보신'에 나오는 보는 '갚을 보'로 보상받는다는 얘기야. 간절한 마음으로 세상을 아우르려는 뜻을 세워 다짐(서원)을 하고, 어려움을 무릅쓰고 다짐에 걸맞은 삶을 지어 마침내 뜻을 이뤄 열매(보상) 맺는 것을 일컫는 말씀이지. 보신불은 다짐하고 꾸준히 그길로 나가는 뜻을 사람 모습으로 빚은 부처님이야. 무량수전이나 극락전에 모신 아미타부처님이 바로 보신불이셔. 아미타부처님은 사람들이 마음 놓고 살 수 있는 세상을 만들겠다며 48가지나 되는 커다란 뜻을 다지고 다지며 간절히 애쓴 끝에 마침내 극락세계를 이루셨어. 누구라도 한마음으로 아미타부처님을 부르기만 해도 극락세계에 태어날 수 있도록 아우르고 계신다지?

③ '법신'에서 이르는 '법'은 모든 것은 인연에 따라, 그러니까 모든 것은 씨앗과 주어진 까닭에 따라 바뀌어간다는 진리 곧 참다움을 가리켜. 법신불, 곧 '법 몸'을 가진 부처님이란? 한결같은 법, 참다움을 여느 사람들이 우러르고 따르기 쉽도록 사람 몸에 견주어(의인화) 말씀한 거야. 대적광전이나 비로전에 모신 비로자나불이 바로 법신불이셔.

간추리면, 석가모니부처님이 드러낸 진리, 참다움을 '법신'이라고 한 것이야. 세상 사람들이 다리 쭉 뻗고 살 수 있도록 하겠다며 굳게 다짐(서원)하고, 그 다짐에 따라 정성껏 삶을 지어가는 뜻을 '보신'이라고 하지. 그것을 실제로 이뤄낸 석가모니부처님이 '화신불'이야.

　석가모니부처님이 열반에 들면서 "참다움을 드러내 스스로 말미암으라"고 하셨다고 했지? 우리 한 사람 한 사람이 제 안에 있는 부처님씨앗에 물을 주고, 참다움(법)을 드러내 꾸준히 가꾸며, 거듭 길을 들여가면 열매(보)를 이루어 마침내 부처를 이룰(화신) 수 있지 않겠어.

석가모니부처님 단번에 알아보는 법!

헤어스타일을 보면 돼. 석가모니부처님은 곱슬머리에 이마 가운데 점이 있고 가사를 입고 계셔. 관세음보살은 화관을 쓰고 있고, 약사여래는 약병 또는 약함을 들고 계셔. 비로자나불은 검지손가락을 다른 손으로 감싸고 계시지. 또 지장보살은 유일하게 녹색 두건을 쓰고 계시거나 삭발한 모습이셔. 절에 가면 자세하게 살펴보고 스님에게 여쭤 봐도 좋겠구나.

적멸보궁에는
왜 부처님이 안 계셔?

 Q 할아버지, 추석연휴에 엄마아빠하고 사자산 법 흥사 적멸보궁에 다녀왔어. 그런데 대웅전에 불상 대신 자리만 덩그마니 있고, 뒷벽이 뚫려 있어 바깥 이 훤히 보였어. 부처님이 없는 대웅전도 있어?

A 적멸보궁을 보고 왔구나. 적멸이란 번뇌, 시달림이 사라져 고요하다는 말이야. 열반을 일컫는단다. 본디 석가모니부처님 이 화엄경을 펴신 곳을 적멸도량이라고 했어. 그런데 부처님이 열반하시고 난 뒤에는 부처님을 다비(화장)하고 나서 나온 사리 (유골)를 모시고 있는 전각을 가리키는 말이 되었지.

법당에는 흔히 불상을 모시지만 적멸보궁에는 부처님 몸이 나 다를 바 없는 부처님 사리를 모셨으니, 불상을 따로 모시 않 아도 된다고 여겨서 불단에 좌대만 있는 거란다. 불상이 없으니 후불탱화도 모시지 않지. 부처님 사리는 법당 바깥이나 뒤에 있 는 사리탑에 모셔 두는데, 벼리 네가 다녀온 법흥사에는 사리를 뒷산에 모셨다고 해. 그래서 벽을 뚫어놓고 부처님 사리가 있는 산 쪽으로 절을 할 수 있도록 한 것이지.

우리나라에 부처님 사리를 처음 모셔온 분은 자장 율사라는 스님이셔. 당나라에 유학한 자장 스님이 부처님 가사와 바리때, 사리 100과를 모셔왔대. 사리를 세는 단위가 '과'야. 자장 스님은 선덕여왕(?~647년)과 진덕여왕(647~654년) 때 나라 곳곳에 절을 짓고 부처님 사리를 나누어 모셨어. 그 가운데 영취산에 통도사를 가장 먼저 짓고 금강계단에 사리를 모셨다고 해. 지난번에 수계 얘기를 나눴지? 계는 부처님 제자가 되어 참답게 살겠다는 다짐이잖아. 금강석처럼 단단하고 질긴 번뇌, 곧 시달림도 마침내 끊어낼 수 있는 계를 모신 곳이라고 해서 금강계단이라고 불러. 아울러 통도사는 부처님 사리를 모셨다고 해서 불보사찰이라고도 부른단다.

태백산 정암사에도 수마노석전탑에 사리를 모신 적멸보궁이 있는데 자장 스님께서 이 절에서 돌아가셨대. 이 두 곳과 네가 다녀온 사자산 법흥사와 오대산 상원사 그리고 설악산 봉정암이 우리나라를 대표하는 적멸보궁이란다.

사리는 부처님뿐 아니라 도가 깊은 스님 몸에서도 나온다고 해. "산은 산, 물은 물"이라는 유명한 말씀을 남긴 성철 스님 다비식에서는 200과가 넘는 사리가 나왔다지.

그러나 법정 스님은 돌아가시면서 "관과 수의를 마련하지 말고… 지체 없이 입던 옷 그대로 다비하라. 사리를 찾으려고 하지 말며, 탑도 세우지 말라"고 이르셨어. 사리를 수습하려 들기보다는 '참뜻을 이어 참다운 삶을 놓치지 말아야 한다'는 깊은 뜻을 남기고 가셨지.

불상엔 왜
머리카락이 있어?

Q   할아버지, 부처님은 스님들과 똑같이 머리카락을 빡빡 깎으셨다고 했잖아. 그런데 절에 모신 불상은 왜 머리카락이 까맣게 나 있어? 파마머리를 한 모습도 있는 것 같아.

A   할아비는 불상은 으레 그러려니 했다가 퍽 오래 지나고서야 불상이 곱슬머리라는 걸 알았단다. 그런데 벼리는 눈썰미가 보통이 아니구나. 경전에는 부처님이 성벽을 넘어 출가하고 나서 "머리카락은 수행자에게 어울리지 않는다"면서 상투와 땋은 머리를 움켜잡고 잘랐다고 나와. 또 부처님이 밥을 빌러나갔을 때 바라문이 "까까중아 게 섰거라!" 하고 쫓아온다는 얘기도 나오고. 그런데 불상에는 어째서 까만 머리카락이 고스란히 있는 것일까? 부처님이 고행을 하면서 머리를 깎지 않아서 그렇다는 사람들도 있어. 그리고 깊은 선정에 드셨을 때 새똥이 떨어져 쌓여 그렇다는 우스갯소리도 있지만 다 잘못된 말이야.

부처님이 돌아가시고 나서 바로 불상을 만들지는 않았어. 뛰어나신 부처님을 사람과 똑같은 모습으로 만든다는 게 어딘가 불경스럽다고 생각했기 때문이야. 이 시기에는 부처님 유골인 사리를 탑을 쌓아 모실 뿐이었지. 불상을 모시기 시작한 것은 부처님이 가시고 5백여 년이나 지난 뒤였어. 어쩌면 보통 사람도 부처님처럼 될 수 있다는 가르침을 불상에 담았을지도 몰라.

그런데 인도에는 호랑이가 담배 먹던 시절부터 내려오는 얘기가 있어. 모름지기 거룩한 분은 여느 사람들과 다른, 서른두 가지 생김새를 타고난다는 거야. 《아함경》에도 서른두 가지 남다른 생김새를 타고난 분이 출가를 하면 부처님이 되고, 출가를 하지 않으면 참답게 세상을 아우르는 바람직한 임금인 전륜성왕이 된다고 나와 있어. 그러니 불상을 만들 때 이 서른두 가지를 본보기로 삼아 만들지 않았을까? 서른두 가지 가운데 몇 개만 살펴보면, 발바닥이 판판하다, 온 몸이 황금빛깔이다, 눈동자가 검푸르다, 몸이 곧고 단정하다, 몸매가 사자와 같다… 가 있어.

가장 처음 만든 불상은 '기원 보시도'라는 부조 조각으로 짐작해. 거기에는 화려한 터번을 쓴 태자 모습과 깨달음을 얻은 부처님 모습이 새겨져 있는데, 다른 데라곤 어깨를 덮는 점잖은 옷차림과 머리 뒤로 둥근 빛이 뻗치는 것뿐이야. 두 모습 다 젊고 잘생긴 미남이지. 이처럼 부처님 모습은 대개 우리나라 석굴암에 모셔 있는 불상처럼 젊고 당당한 모습을 띠고 있어. 후대 사람들은 존경하는 부처님 생김새를 빚어 모시면서 스스로가 상상할 수 있는 테두리 안에서 가장 멋지게 그려내려고 했을 거야. 또 부처님이 돌아가시고 5백 년이나 지난 뒤에 불상을 만들어 모시다 보니, 부처님처럼 거룩하고 신비로운 분은 언제까지나 늙지 않을 것이라고 생각했을 거야.

그러면 어째서 불상에는 머리카락이 있는 것일까? 이 또한 부처님이 지니셨다는 서른두 가지 남다름 가운데 머리카락 이야기도 나와. "소라 같은 머리칼이 오른쪽으로 말려 오르고 빛깔은 검푸르다"고. 이것이 수천 년이 지난 우리가 오늘날 까만 머리카락을 가진 곱슬머리 부처님을 절에서 뵙게 되는 까닭이야.

절 기둥에 쓰여 있는 글자는
무슨 뜻이야?

Q 할아버지, 절에 가면 기둥 현판에 한문으로 쓰인 글들이 있
잖아. 왜 써놨어? 무슨 뜻인지 궁금해.

A 기둥에 잇대어 쓰인 글이라고 해서 중국말글인 한문으로
'주련'이라고 해. 주련은 절 기둥에만 쓰여 있는 것이 아니라 궁
궐이나 관청 그리고 정자 기둥에도 쓰여 있어. 정자 기둥에 쓰인
글들은 그곳 풍경에 반한 선비들이 흥에 겨워 읊은 시가 대부분
이지. 그러나 궁궐이나 절 기둥에 쓰인 글들은 대개 사람들이 가
슴에 새겼으면 좋을 말씀들을 적바림해 놨단다. 일주문을 비롯
한 절 들어가는 문간에 써놓은 것은 그 절에 드나드는 사람들에
게 가슴 깊이 새기도록 만들고 싶은 글이라고 봐야 해. 또는 전
각 기둥에는 그 전각에 드나들면서 놓치지 말아야 할 뜻을 새겨
놓았지.

  법정 스님이 빚은 절, 길상사 일주문 기둥에는 '신광불매 만
고휘유, 입차문래 막존지해'라고 적혀 있어. 풀어 보면 "어디에
도 견줄 수 없이 거룩한 빛이 어둠을 헤치고 오래도록 빛나니,
이 문에 들어서면서 알음알이를 두지 말라"는 말씀이야. 또 실
상사 극락전 기둥에는 '정천각지 안횡비직, 반래개구 수래합안'

이라고 쓰여 있어. 풀이하면 "머리는 하늘에 두고 발은 땅을 디디고, 눈은 가로 찢어지고 코는 세로로 선 사람이 밥이 오면 입을 벌리고 졸리면 눈감는다"는 말씀이지. 뜻을 새겨보면 '부처가 나와 조금도 다름없는 사람이니 나 또한 부처답게 살지 못할 까닭이 어디에 있겠느냐?'는 우레 같은 말씀이야.

그런데 어째서 알아듣기 쉽게 쓰지 않고 알 수 없는 한문으로 썼을까?

옛날에야 한글이 나오지 않았으니 그랬다 하더라도 우리말결을 고스란히 드러낼 수 있는 한글이 나온 지 몇백 년이 지났는데도 아직도 중국글말인 한문으로 쓰고 있으니 할아비는 안타깝구나. 다행스럽게도 우리말글로 써놓은 데도 있어. 실상사 천왕문 기둥에는 '가득함도 빛나고, 비움도 빛나라'라고 되어 있어. 글자는 우리 글씨체를 살려 디자인하는 안상수 선생님이 쓰고, 글을 나무판에 새긴 분은 김경찬 선생님이래. 또 가보지는 않았는데 경기 안성에 있는 석남사 기둥에도 한글로 '효심천심 불심 언제나 이 마음, 수행도 봉사도 나날이 즐거워'라고 적바림되어 있다는구나.

부도가
뭐야?

Q 얼마 전에 엄마와 아빠 따라 해남 나들이 갔다가 미황사에 들렀어. 동백꽃이 빨갛게 핀 숲길을 따라 절 뒤로 돌아가니까 돌탑과 비석이 아주 많았어. 부도전이라고 하던데 부도가 뭐야?

A 우리 버리가 법정 스님이 아껴두고 싶은 절이라고 하셨던 미황사에 다녀왔구나. 참 아름다운 절이지? 법정 스님은 미황사에 가면 부처님 전에 절을 올리고 나서 다른 곳을 돌아보기 전에 부도전 참배부터 하셨단다. 불교 얼을 이어온 어른들을 우러르셨던 거지.

부도전은 옛 스님들 유골(사리)을 모시는 부도와 비석을 함께 모셔두는 곳이야. 탑과 부도는 사리를 모신다는 점에서는 같지만 가만히 살펴보면 다른 구석이 적지 않아. 부처님 사리나 경전을 모신 탑은 절 한복판에 있는 법당 앞에 있지만, 스님들 사리나 행장을 모신 부도는 절 가장자리에 있거나 절 바깥에 떨어진 데 있어. 부도전은 법당을 대웅전이니 극락전이니 하는 것처럼 전각을 가리키는 말씀이야. 실제 전각을 짓고 그 안에 부도를 모시기도 해. 부도전은 부도밭이나 부도암이라고도 부른단다.

부도는 대개 소박하고 작아. 발길이 뜸한 곳에, 고요함이 에

위싼 부도밭에 서면 마음이 차분해져. 부도탑에 소복하게 내려앉은 이끼와 아릿한 풀냄새에 쓸쓸해지기도 하고. 오롯이 수행자로 살다 가신 분들이 잠들어 계시기 때문일 거야.

부도탑 모양에도 뜻이 있어. 사람 몸은 흙(지)·물(수)·불(화)·바람(풍)이 어우러져 이루어지는데, 죽으면 썩어서 어디론가 날아가고 없어지지. 결국 공하다는 거야. 이 이야기가 부도탑에 담겨 있단다. 탑을 받치고 있는 기단은 흙을, 그 위에 올려진 둥근 몸은 물을, 다시 그 위에 올린 세모꼴로 생긴 지붕은 불을, 지붕 윗부분은 바람을, 그리고 마지막 지붕 끝에는 공을 뜻하는 연꽃 봉오리를 올려. 틈틈이 죽음을 잊지 말고 열심히 살아가라는 뜻이 아닐까 싶어.

'부도'는 부처님을 일컫는 산스크리트어 '붓다buddha'를 소리 나는 대로 옮긴 말이야. 부처님을 가리키는 말이 '부텨 → 부처'로 옮아간 갈래와 '부다 → 부도'로 옮아간 갈래가 있어. 《위서》나 《후한서》에는 불교가 처음 중국에 들어왔을 때 불교를 부도교, 부처님을 부도씨라고 불렀다고 나와 있대. 스님들에게도 부도씨나 부도인이라고 했다는구나. 중국에 처음 생긴 절이 백마사로 알려져 있어. 그런데 그에 앞서 초나라 영왕과 동한 환제가 '부도사'라는 절을 지어 부처님과 노자를 함께 모셨다는 기록도 있다고 해.

스님을 부도씨라고 부르다가 자연스럽게 돌아가신 스님 사리를 모시는 탑도 부도씨 몸을 모셨다고 여겨 부도라 부르게 됐다는 거지. 여기서 옛 어른들은 부처님 뜻대로 잘 살아가는 스님들을 모두 붓다, 부처로 여겼다는 것을 알아차려야 해. 부처님 뜻에 따라 참답게 사는 스님들은 모두 붓다라는 말씀이잖아.

한 걸음 더 들어가면, 스님이 아닌 여느 사람이라 하더라도 부처님 가르침을 올곧게 받아들여 '너를 살릴 때 비로소 내가 살 수 있다'고 다지면서 옹근 몸 살림과 뜻 살림을 펼친다면 그대로 '붓다로 사는' 게 아닐까.

연등은
왜 밝혀?

Q 할아버지, 엄마하고 지난달에 열린 연등잔치에 다녀오고, 부처님오신날 절에 가서 연등을 켰어. 연등은 왜 밝혀? 그리고 어째서 연등이라면서 연꽃등은 찾아보기 힘들어?

A 우리 벼리가 연등회에 다녀왔구나. 볼만하지? 연등회는 우리나라 통일신라시대부터 부처님오신날 즈음하여 온 나라사람들이 즐긴 빛 잔치란다. 그리고 연등이란 꼭 연꽃등을 가리키는 말이 아니야. 연등에서 '연'은 '탈 연(燃)'으로 태워서 밝힌다는 뜻이지. '어둠', 그러니까 괴로움에서 벗어나 내가 스스로 빛을 낼 수 있는 오롯한 사람인 줄 알아차려, 내 빛으로 세상을 참답게 만들겠다는 뜻을 담아 '연등'을 밝히는 거야.
　연등 밝히기는 부처님 시대부터 이어져 왔어. 참다움을 펴려고 이 마을 저 마을로 다니던 석가모니부처님은 밤이 늦어서야 마을에 들어설 때가 적지 않았어. 그때 마을 사람들이 등을 들고 나와 부처님을 반겨 맞았다고 해. 연등 밝히기는 우리를 일깨우려는 거룩한 분을 맞으려는 데서 비롯한 풍습이지.
　그즈음 사위성에 '난타'라는 가난한 할머니 한 분이 이집 저집 밥을 빌어 겨우 목숨을 이어가고 있었어. 하루는 온 성안이

떠들썩했어. 어리둥절해 하던 할머니는 지나가는 사람을 붙들고 무슨 일이 있느냐고 물었어. 그 사람은 "오늘은 부처님이 오시는 날이에요. 밤이 되면 온 성안 사람들이 등불을 밝혀 부처님을 맞을 것"이라고 했어. 이 말을 듣고 난 할머니는 '아! 나는 어찌 이다지도 복이 없나. 부처님 오시는 길을 등불을 밝힐 형편조차 되지 않다니' 하며 가슴을 쳤어. 이래선 안 되겠다 싶던 할머니는 부지런히 이집 저집을 다니면서 겨우 동전 두 닢을 얻었어. 동전 두 닢으로 조그만 등 하나와 기름을 조금 샀어. 비록 서너 시간도 밝히지 못할 만큼 적은 기름이었지만 할머니는 기쁜 마음으로 부처님이 지나가실 길목에 등불을 밝히며 빌었어.

"저는 가난해서 조그마한 등불밖에 올릴 수 없습니다. 그러나 부디 이 공덕으로 오는 세상에는 부처를 이뤄 모든 사람들을 밝게 비출 수 있기를 빕니다."

밤이 깊어가면서 기름이 닳은 등불이 하나둘 꺼져 갔어. 크고 화려한 등불도 꺼지고, 마침내 등불이 다 꺼졌어. 그런데 한 구석에 조그맣게 달아놓은 등불만이 홀로 깜박깜박 빛났어. 바로 가난한 할머니가 올린 등불이었지. 사람들이 옷자락을 흔들어 바람을 일으켜 봐도 등불은 꺼지지 않았어.

부처님은 이를 보고 "가난하지만 마음씨 고운 분이 정성껏 밝힌 등불은 꺼지지 않는다"고 하면서 이 할머니가 부처를 이룰 것이라고 하셨대.

세계에서 하나뿐인 움직이는 등 축제가
우리나라에?

연등회는 우리나라 전통등 잔치야. 역사가 무려 1300년, 그래서 '중요무형문화재 제122호'로 정해지기도 했어. 부처님 가르침을 따라서 우리 마음을 환하게 밝히고 그 빛으로 세상을 밝히자는 뜻이 담겨 있단다. 오늘날에는 불교를 넘어서 온 세계 사람들 즐겁게 참여하고 있어. 등을 손에 들고 거리를 걸으며 사람들과 즐기는 잔치는 우리나라 연등회밖에 없다고 해. 서양에 '크리스마스 트리'가 있다면 우리에게는 '연등회'가 있지!

4장

스님은
왜 머리를
빡빡 깎을까?

왜 스님들은 꼭두새벽에
일어나는 걸까?

Q 할아버지, 템플스테이에 다녀왔어. 새벽예불에 들어가야 해서 새벽 세 시 반에 일어났어. 난생 처음 그 시간에 일어난 거 같아. 그런데 왜 스님들은 꼭두새벽에 일어나는 거야?

A 그러게 말이다. 스님들은 어째서 그렇게 일찍 일어나는 것일까? 일찍 일어나는 새가 먹이를 먼저 얻을 수 있다는 얘기와 관계가 있는 것 같지는 않은데…. 절에 사는 스님들은 저녁 아홉 시에 잠자리에 들어. 그리고 새벽 세 시에 일어나서 세 시 반이나 네 시에 새벽예불을 하는 것으로 하루를 열지. 스님들이야말로 과학자들이 밝힌 "사람은 늦어도 밤 열한 시에는 잠을 자야 바람직한 생체리듬을 이어갈 수 있다"는 연구에 딱 들어맞도록 살아가고 계신 거지.

불교에서 하는 격식 대부분은 부처님 시대에서 가져왔어. 그때 부처님은 우리 스님들과는 달리 저녁 아홉 시에 잠자리에 들고 동이 틀 즈음에 일어나셨다는구나. 해가 뜰 때라면 철마다 다를 테지만 아침 다섯 시에서 여섯 시 사이라고 봐야 하는데, 어째서 요즘 우리 스님들은 새벽 세 시에 일어나게 되었을까?

오해에서 비롯되었다는구나. 방금 말했듯이 부처님은 밤

아홉 시에 잠자리에 드셔서 세 때를 주무셨다는 기록이 있대. 그런데 중국이나 우리나라 사람들은 옛날에는 하루를 스물네 시간으로 나누지 않고 열두 시간으로 나눴대요. 그러니까 한 때는 우리가 말하는 두 시간을 가리키는 것이지. 밤 아홉 시에 주무셔서 세 때 만에 일어나셨으니 여섯 시간 뒤인 새벽 세 시라고 여겼어. 그런데 인도에서는 하루를 열두 시간으로 나누지를 않고 여덟 시간으로 쪼갰다는구나. 한 때가 세 시간이란 말이지. 그 사실을 알았을 때는 오래도록 새벽 세 시에 일어나는 게 굳어진 다음이었대.

더욱이 농사를 주로 짓는 중국이나 우리나라 사람들은 인도와는 달리 동트기 전에 일어나서 일을 하는 아주 부지런한 사람들이었지. 본보기를 보여야 하는 스님들이 농부보다 늦게 일어나는 것이 마땅치 않다고 여겨 고치지 않았다는 얘기도 있어.

또 중국 사람들이 즐겨보는 《주역》에선 하늘은 자정 앞뒤에 열리고, 땅은 새벽 한두 시에 열리며, 사람은 새벽 서너 시에 생기를 얻는다고 했어. 새벽 서너 시에 우주 기운이 가장 맑아 만물이 깨어나기도 하며, 새벽예불을 마치고 해 뜰 때까지가 깊은 수행에 들기 가장 좋은 때여서 그대로 두지 않았을까 싶기도 해. 재밌는 건 새벽예불이 기독교에까지 영향을 끼쳐서 한국교회에서도 새벽기도를 올리게 됐다는구나.

스님 옷 빛깔은
왜 잿빛이야?

 Q 할아버지, 스님들이 입는 옷 빛깔은 왜 다 똑같이 잿빛이야?

A 스님들이 입는 옷을 '승복'이라고 해. 빛깔을 얘기하기에 앞서, 스님들이 입는 옷을 가리켜서 '분소의'라고 한단다. 우리 말로 풀면 '똥 묻은 옷'이라는 얘기야. 무슨 말인가 싶지? 사람 주검을 싸서 버린 헝겊이나 길거리에 버려져 똥이 묻었을 수도 있는 헝겊을 주워 모아 지은 옷이라는 말이야.

스님들이 입는 옷은 의식할 때 입는 옷과 여느 때 입는 옷으로 나뉘어. 의식에 입는 옷 가운데 으뜸은 '가사'인데 인도 말 '카사야kasaya'를 그대로 옮긴 말이야. '무너지거나 흩어진 빛깔'이라는 뜻이 담겼대. 오래되고 낡아 빛깔이 사위었다는 얘기지. 스님들 옷을 '납의'라고도 하는데 헌 누더기를 조각조각 이어 붙여 기운 옷이라는 말이야.

신라 때 거문고를 잘 타는 백결 선생이란 분이 계셨어. 백결 선생이라고 하는 까닭은 옷을 온통 누덕누덕 기워 입을 수밖에 없을 만큼 가난했기 때문이야. 백결이란 온통 '짜기운 투성이'라는 말이거든. 하도 가난해서 설에도 떡 지을 쌀조차 없었지. 설

178

달그믐날 이웃집에서 가래떡을 하려고 찧는 떡방아 소리가 들리니까, 선생이 거문고 줄을 당겨 떡방아 소리를 내어 부인을 달랬다는 얘기가 전해내려 와.

이렇게 가난한 분들도 스님이 시주를 하러 오면 한 톨 두 톨 정성껏 모아 둔 곡식을 나눴어. 정성 어린 공양을 받은 스님 옷을 가리키는 납의란 말에는 쌀 한 톨, 헝겊 쪼가리 하나라도 허투루 해서는 안 된다는 뜻이 담겨 있지.

누렇거나 붉은 빛깔을 띠는 납의가사는 스님들이 의식을 할 때 입는 옷이자, 몸을 가려주는 외투이면서 추위나 더위, 모기 따위에게서 지켜주는 이불과도 같았어.

더운 인도에서는 가사 하나만으로도 오롯했으나, 중국에 와서는 기후 때문에 '편삼'이라는 윗옷과 '군자'라는 아래옷을 합쳐 꿰맨 옷을 입을 수밖에 없었어. 우리나라에서는 '장삼'이라고 불러. 우리가 흔히 보는 잿빛 승복이 바로 '장삼'이란다. 장삼이 잿빛인 까닭은 떠돌아다니는 스님이 여느 사람들처럼 흰옷을 입으면 때가 쉽게 타서 감당하기 어려워 그랬을 거야. 옛날에는 아궁이에 타다 남은 숯이 흔했으니까 숯을 빻아 물을 들이지 않았을까 헤아려볼 수 있지.

잿빛이 흰빛과 검은빛이 더해진 빛깔로, 흰빛과 검은빛 어느 한쪽에 치우치지 않은 빛깔이라고 해서 중도(中道), 가운뎃길을 뜻한다고 하기도 해.

스님들은
왜 모여 살아?

Q   할아버지, 승가를 공동체라고 하던데 스님들은 왜 꼭 모여
살아?

A   우리나라에 1인 가구, 그러니까 식구가 한 사람밖에 없는
단식구 가정이 빠르게 늘어간다는구나. 네 집 가운데 하나가 넘
는다고 해. 그러나 가만히 짚어보면 혼자서 살 수 있는 사람은
없어. 혼자 산다는 건 먹고 입고 쓰는 모든 것을 저 혼자 맡아 해
야 한다는 말인데 그럴 수 있는 사람은 없다는 말이지.

부처님은 그걸 가장 일찍 깨달은 분이셔. 우리가 공부를 하
려면 학교에 가든지 도서관에 가곤 하잖아. 왜 그럴까? 공부하
는 분위기가 갖춰 있어서 공부에 깊이 빠져들 수 있기 때문이
지? 이와 마찬가지로 수행을 해야 하는 스님들이 모여 있으면
서로에게 본보기가 될 수 있거든. 우리말로 '거울지다'고 하는데
서로서로 되비춰주는 거울 노릇을 해준다는 말이야.

사람은 저마다 남과 다른 좋은 점을 가지고 있어. 이 스님은
참선을 잘하고, 저 스님은 계율을 잘 지키고, 또 다른 스님은 사
람 마음을 깊이 헤아리는 힘을 가지고 있거든. 어울려 살면서 서
로 배우며 이럴 때는 이 스님이, 저럴 땐 저 스님이 나서면서 힘

을 보태는 것이지. 좁게 보면 승가를 스님공동체라고 여길 수도 있지만 그렇지만은 않아. 탁발을 해서 사는 스님들은 재가자들이 내놓은 공양물을 쓰고 살아. 재가자들은 스님들이 공부지어 내놓은 참다움과 가르침을 받아들이며 살아가고. 이 또한 서로서로 거울지는 일이야.

그러나 아무리 뜻을 같이 한다고 해도 어울려 살다보면 서로 부딪치기 마련이어서 갈등도 적지 않아. 갈등을 줄이려면 함께 사는 이들은 누구나 주부가 되어야 해. 한두 사람이 머슴이 되어서는 바람직한 모듬살이를 이룰 수 없다는 얘기야.

할아비가 어른들 모임에 가서 이따금 큰 소리로 같이 읽는 그림책이 있어. 제목이 《돼지책》이야. 아빠와 엄마, 두 아들이 나와. 아주 중요한 회사에 다니는 피곳 씨와 아주 중요한 학교에 다니는 두 아들은 집에서는 늘어지게 티비를 보거나 빈둥거리면서 아무것도 하지 않아. 밥짓기며 빨래하기, 청소하기는 오롯이 엄마 몫이었지. 엄마도 직장에 나가는데 말이야. 너무 힘들고 버거웠던 엄마는 집을 나가버리고 말아. 엄마가 없는 며칠 동안 집 안은 그야말로 돼지우리가 되고 말았어. 요리, 청소, 빨래 어느 것 하나 제대로 하지 못한 아빠와 두 아들은 돼지로 변해가고 지쳐갔지. 그때 엄마가 돌아와. 그 뒤로는 모든 식구들이 너나들이 주부가 되어 살아가더구나. 정신 차린 거지. 살림살이는 '목숨을 살리는' 뿌리야. 주부, 하면 엄마를 떠올리지만 그건 잘못이야. 우리 모두가 주부가 되어 살림살이를 함께 나누어야 해.

그게 진짜 서로를 살리는 살림이란다.

　서로 살리려는 본디 마음을 바로 세워, 서로 낮추고 나를 되비쳐보며 배워야 하는 것은 승가나 가정, 또 뜻을 모은 모임 모두 똑같아. 벼리 너도 같은 반 동무들이 여럿이서 꾸린 모임이 있다고 했지? 승가에 담긴 뜻을 새겨보면서 모임을 꾸려가 보렴. 아주 오래, 어른이 되어서도 모임을 계속 이어가면 좋겠구나.

스님을 가리키는 말도 너무 많아!

절집에서는 스님이 얼마나 공부가 깊고 덕이 많은지, 또 맡은 일에 따라 다르게 불러.

- 조사 : 석가모니부처님 법맥을 이어받은 스님. 모두 33분.
- 선사 : 깊이 깨달은 스님
- 대사 : 덕이 높고 넓으신 스님
- 화상 : 가르침을 내려주는 스님
- 종사 : 계율을 가르치는 스님
- 조실스님 : 한 일가에서 지도자로 모신 스님
- 방장스님 : 총림(叢林, 선원·강원·율원을 갖춘 큰 절)을 아우르는
  지도자 스님
- 주지스님 : 절 살림을 두루 아우르는 책임자 스님
- 원주스님 : 절 살림살이를 맡아 하는 스님
- 유나스님 : 총림에서 모든 규율을 맡아 아우르는 스님
- 선덕스님 : 선원에서 연세가 많고 덕이 높은 스님

이밖에도 아주 많아. 큰방을 정리하는 일을 맡은 지전스님, 스님들 건강을 돌보는 간병스님, 어른스님 옆에서 비서 노릇을 하는 시자스님, 종을 치는 종두스님, 반찬을 마련하는 채공스님처럼, 스님들은 철저하게 일을 나눠서 책임을 져야 했어. 한 가지라도 소홀하면 다른 스님들에게 피해가 가고 절 살림이 제대로 돌아갈 수 없기 때문이야.

스님은 왜 머리를
빡빡 깎을까?

Q   할아버지, 스님은 왜 머리를 빡빡 깎아?

A   하하, 우리 벼리가 슬슬 절집 살림에 빠져드는구나. 하나
하나 궁금해지는 걸 보니. 그러게 스님들은 어째서 머리를 깎을
까? 머리를 깎는 걸 절집에서는 삭발이라고 한단다. 보통 사람
도 삭발을 하지만 삭발한 머리 하면, 대부분 스님을 떠올리지.

  《인과경》이라는 경전에는 싯다르타가 성을 빠져나와 출가
하면서 스스로 머리카락과 수염을 자르고는, "내 이제 여느 사
람을 떠올리는 수염과 머리카락을 잘라서, 모든 시달림과 몸에
밴 버릇을 버리겠다"고 다짐하는 모습이 나와.

  삭발, 머리 깎기는 산스크리트어 '문다나Mundana'에서 비롯
했어. 머리와 수염을 깎아 버리는 것으로 이제껏 살아오던 세상
과 인연을 끊겠다는 야무진 뜻이 담겨 있어. 싯다르타는 '어떻게
하면 사람을 비롯한 뭇 목숨붙이들이 마음 놓고 사는 누리를 이
룰 수 있을까' 하는 큰 뜻을 품고 집을 떠났다고 했지? 편안한 잠
자리며 맛있는 음식을 비롯한 즐거움을 모두 끊고 하루바삐 뜻
을 이루겠다는 다짐을 머리 깎기로 고스란히 드러낸 셈이야.

  스님들이 머리 깎는 것을 가리켜 '밝히지 못한 풀을 자른다'

184

고 해. 중국 당나라 도선 스님이 펴낸《광홍명집》에선 "도를 닦으려는 사람은 사회에서 겪은 달콤함을 떨치는 데 힘써야 한다. 여느 사회에서 맛보던 재미를 등지려면 머리부터 깎아야 한다. 부모와 헤어지고 지나친 욕심을 떨쳐내고, 적은 것에 기꺼워하며, 몸이 좋아하는 데 매이지 않고, 깨달음을 얻으려고 머리를 깎는다"고 까닭을 밝혀.

스님이 되려면 '삭발염의'를 해야 한다고 해. 삭발은 머리를 깎는다는 말이고 염의는 스님들이 입는 먹물 옷, 곧 승복을 가리키는 말이야. 삭발과 염의는 승가 공동체가 가진 뜻을 드러낸 것이기도 해. 수행을 열심히 하겠다는 다짐과 더불어 '너와 내가 다르지 않고 모두 같다'는 부처님 가르침을 보여주는 게지. 처음 머리를 깎고 먹물 옷을 입는 새내기 스님들이 부르는 노래가 있어.

"이제 이 몸이 부처를 이룰 때까지
굳게 계행을 지키며 망가뜨리지 않겠습니다.
부디 부처를 이루도록 부처님께서 드러내 밝혀주세요.
몸과 목숨을 버릴지라도 물러서지 않겠습니다."

스님들은 보름에 한 번 머리를 깎을 때마다 모든 누리 사람들이 다리 쭉 뻗고 살 수 있는 평화로운 날이 오도록 뜻을 모으며 마음을 다져.

스님은 고기를 먹으면
안 될까?

Q   할아버지, 목사님이나 신부님은 고기를 잘 드시던데, 스님이 고깃집에 들어가는 모습만 보고도 수군대는 사람들을 봤어. 스님도 고기 먹으면 안 되나?

A   그러게. 중국집에 들어가기도 망설여진다는 스님들도 계시니 안타까운 일이지? 문제는 채식을 하려고 해도 채소로만 조리해 내놓는 밥집을 찾기가 무척 어렵다는 데 있어. 스님들이 고기를 잡숫지 않아야 한다는 얘기는 어디서 왔을까?

불자가 되려고 받는 오계에 가장 먼저 나오는 것이 '산목숨을 죽이지 않는다'는 말이잖아. 여기서 고기를 먹어서는 안 된다는 말이 나왔다고 봐야 해. 그런데 스님은 꼭 채식을 해야 한다고 여기는 나라는 우리나라와 일본, 중국과 대만 정도란다. 탁발을 해야 하는 스리랑카나 미얀마, 태국이나 캄보디아, 라오스 스님들은 고기든 뭐든 주는 대로 가리지 않고 잡숫지. 티베트나 몽골 스님들도 고기를 드셔. 티베트와 몽골 땅은 채소를 기르는 데 적당하지 않아 소와 양을 키워. 그래서 그 나라 사람들은 주로 고기를 먹어.

부처님은 얻어먹어야 하는 스님들이 사람들이 주는 음식을

고기라고 해서 받지 않겠다고 하는 것은 옳지 않다고 보셨어. 그래서 어떤 음식을 받더라도 기쁜 마음으로 먹어야 한다고 하셨지. 다만 "공양한 것은 먹을 수 있지만, 일부러 고기를 달라고 해서 먹지 말라. 죽이는 것을 보지 않고, 죽어가는 소리를 듣지 않은 생선이나 고기라면 먹어도 좋다"고 하셨어.

스님들이 스스로 직접 잡거나 구해서 먹어서는 안 된다는 말씀이지. 부처님말씀을 따라 스님이 먹을 수 있는 고기를 깨끗한 고기라고 해서 '정육'이라고 해. 고기를 파는 푸줏간을 '정육점'이라고 하는데 여기에서 나온 낱말이라고 하는구나.

그런데 불교가 중국에 들어와서 "하루 짓지 않으면 하루 먹지 않는다"고 하면서 스님들도 스스로 땅을 일궈서 먹는 문화로 바뀌었어. 얻어먹지 않고 스스로 농사를 짓고 밥을 해 먹어야 하다 보니까 산목숨을 죽이지 않아야 하는 스님들은 자연스럽게 채식을 하게 되지 않았을까 싶어.

도법 스님이라고 계셔. 부처님을 본받아 '붓다로 살자'는 말씀을 퍼뜨리고 계시지. 여러 해 전 스님은 '생명평화'라는 말머리를 들고 나라 곳곳을 순례하신 적이 있어. 순례 길에서 스님을 대접하려는 어느 분이 내놓은 밥상에 생선이 오르자 맛있게 드셨지. 스님은 이렇게 말씀하셨어. "얻어먹는 처지에 음식을 가리면 주는 사람 정성을 함부로 하는 것이다. 나온 음식이 무엇이든 가리지 않고 맛있게 먹는다." 할아비는 스님 말씀이 맞다고 생각해. 스님들은 절에서는 채식을 하고, 절 밖에 나와선 놓인 형편에 따라 잡수어야 하지 않을까.

스님들은 왜
탁발을 했어?

 Q 할아버지, 부처님이 계실 때는 스님들이 집집마다 다니면서 탁발, 얻어먹었다고 하셨는데 왜 그러셨어?

A 어째서 그러셨을까? 사람은 누구나 먹어야 살아. 그렇지? 그러다 보니 누구라도 밥을 해주는 사람에게 고분고분할 수밖에 없어. 그러니까 '내가 누구입네' 하며 우쭐대거나 남을 업신여기는 마음을 넘어설 수 있는 힘을 길러주려던 것이 아닐까. 아울러 밥을 나눠주는 이에게 좋은 짓을 하도록 하는 데도 큰 뜻이 있었을 거야. 탁발은 수행자에게 일어날 수 있는 지나친 욕망을 억누르고 몸과 마음을 바르게 가꾸는 수행이었어.

21세기에도 인도 음식문화는 신분을 가리는 중요한 수단 가운데 하나야. 신분이 낮은 사람이 만든 음식을 신분이 높은 사람은 먹지 않아. 만약 신분이 낮은 사람이 만든 음식을 신분 높은 사람이 먹게 되면 신분이 더럽혀졌다고 여겨. 그래서 인도 고대 브라만 수행자는 탁발을 나가지 않고 신분이 같은 사람들이 가져다주는 음식만 먹었어. 그러나 불교 스님들은 브라만 수행자와는 달리 마을로 나가 음식을 얻어 잡수었어. 부처님은 차례로 일곱 집만 가서 밥을 빌도록 계율을 만드셨지. 일곱 집을 가다 보면 그 가운데 탁발을 하는 스님보다 낮은 신분을 가진 사람들도 있게 마련이지. 그러니까 스님들은 신분이 낮은 사람들이 주는 밥을 얻으면서 '사람 위에 사람 없고 사람 아래 사람 없다'는 것을 몸소 드러내 보이셨던 거야. 이처럼 스님들은 인도 사회에 널리 퍼져 있던 신분제도를 없애려고 애를 쓰셨지.

걸식을 나가서는 첫 번째 집 앞에 가서 공손히 서 있다가 집 주인이 음식을 나눠주면 발우를 내밀어 받아. 기다려도 사람이 나오지 않으면 다음 집으로 옮겨가기를 되풀이 해. 일곱 집을 다 돌기 전에 발우가 차면 그쳐도 되지만, 음식을 주는 집이 없을 때는 그날은 굶어야 했어.

《유마경》에는 "마을에 들어갈 때는 사람이 살지 않는 빈 마을이라고 여기며 들어가야 하며, 보고 듣고 느끼는 온갖 분별이 꼭두각시와 같은 줄 알아야 한다. 얻은 밥은 모든 이에게 베풀고, 부처님에게 드린 다음에 먹어야 보시한 사람이 밥을 지으며 애쓴 것이 헛되이 하지 않는 것"이라고 나와. 스님들은 이처럼 얻은 음식을 몸을 움직이기 어려운 노스님이나 앓는 스님들에게도 가져다 드렸지.

탁발은 스스로를 낮추어 상대를 우러르며 차별을 없애려는 남다른 불교 전통이었어. 그러나 우리나라에서는 1960년대부터 다른 종교를 믿는 사람들에게 불편을 끼치지 않으려는 뜻에서 탁발을 그만뒀어.

191

왜 스님은
결혼해선 안 돼?

Q   할아버지, 스님 가운데는 결혼한 분들도 있던대? 스님은 결혼하면 안 되잖아?

A   모든 스님이 반드시 결혼 하지 않는 것은 아니란다. 결혼을 했다가 아내와 헤어지고 출가를 한 분도 있고, 또 어떤 불교 종파는 스님이 결혼하는 걸 허락하기도 해. 아내와 가정을 둔 스님을 가리켜 대처승이라고 하지. 그렇지만 스님 대부분은 결혼하지 않아.

　부처님이 아내와 아들을 남겨 두고 출가하신 뜻은 어떻게 하면 사람이 나고 늙고 병들거나 죽어가면서 겪는 괴로움에서 벗어날 수 있을까 하는데 있어. 수행 끝에 부처님은 괴로움은 대부분 애착에서 비롯한다는 것을 알게 됐지. '애착'은 좋아하는 그 마음에 너무 깊이 빠지는 거야. 그러면 걱정이 일고, 마음대로 되지 않으면 화가 나고 슬프고 하잖니. 그게 괴로움이야.

　수행자는 누구보다 맑은 정신으로 부처님 가르침을 알리는 사람이지. 아내와 아이가 있다면 그만큼 애착이 커지고 마음은 시끄러워져. 그런 마음으로는 부처님 가르침을 바르게 알리지 못하게 되어. 그래서 부처님은 수행자들에게 말씀하셨어. "자식과 아내에 매달리는 것은 가지 많은 대나무가 얽히는 것과 같다. 죽순이 서로 달라붙지 않도록 무소뿔처럼 혼자서 가라"고 이르셨지. 부처님은 결혼을 애욕 가운데 가장 뿌리 깊은 것이라고 여기셨던 것 같아.

성철 스님은 40여 년을 손수 기워 입어 누덕누덕한 두루마리와 검정고무신을 남기고 먼 길을 가셨지. 스님은 "출가란 저를 다 버리고 일체를 품어 안는 것으로, 조그만 가정과 식구를 버리고 커다란 가정인 온 누리를 아우르는 삶"이라고 하셨어. "결혼하여 가정을 가진 사람을 승려라 한다면 그것은 부처님 법이 아니다"라고도 하셨지. 결혼이 걸림돌이 된 얘기 한 꼭지 들려줄게.

요가 수행자 한 사람이 아무것도 없이 숲속에서 호젓하게 살았어. 어느 날 같은 길을 가는 동무가 찾아와 《바가바드기타》를 한 권 주고 갔어. 수행자는 이 책을 날마다 읽기로 마음먹었어. 어느 날 쥐가 책 한 귀퉁이를 쏠아버리고 말았네. 수행자는 쥐를 쫓으려고 고양이를 한 마리 키우며, 고양이에게 먹일 우유가 있어야 해서 젖소를 길렀어. 고양이와 젖소를 돌보다 보니 수행할 겨를이 모자라 이 가축들을 돌볼 여성을 데려왔지. 해가 거듭하다 보니 커다란 집에 아내와 두 아이 그리고 고양이 떼와 외양간에는 젖소들이 북적거렸어. 이제 수행자는 신을 우러르기에 앞서 아내와 아이 그리고 고양이와 젖소를 보살피는 데 매달릴 수밖에 없었지. '어쩌다가 이렇게 됐을까?' 책 한 권이 이토록 엉뚱한 골짜기로 빠지도록 했다는 걸 뒤늦게 알아차린 수행자는 한숨지었다는구나.

마하트마 간디도 "참다움을 드러내는 데 제 모든 것을 바친 사람은 아이를 낳고 가정을 꾸리는 데 쓸 시간이 없다"고 했어. 간디는 서른일곱 살에 부인에게 '해혼'하자고 해. 결혼이 부부 맺기라면, 해혼은 혼인 풀기란다. 부인과 뜻을 모은 간디는 해혼식을 하고 고행 길을 떠나.

그러나 앞에서 이야기한 것처럼 일본 스님들은 결혼을 해도 된다고 해. 스님이 결혼할지 말지 선택할 수 있다는 거야. 우리나라 조계종과 몇몇 종단은 계율로써 결혼을 금지하고 있단다.

절에선 왜 손 모아
인사해?

 Q 할아버지, 인도 사람들은 손바닥을 마주대고 "나마스테"라고 하면서 인사하잖아. 절에 가면 스님을 비롯한 모든 사람이 손 모아 인사해. 왜 그래야 해?

A 인도 사람들 인사와 절집 인사가 비슷하지? 손을 모아서 올리는 이런 인사는 부처님이 태어난 인도에서 대대로 내려오는 것이란다. 오래 전 현장 스님이 남긴《대당서역기》에 보면 인도에는 절하는 방법이 아홉 가지가 있는데, 불교도들은 손을 모아 반절을 한다고 쓰여 있어. 엎드려서 하는 '큰절'은 '온절'이라고 하는데, 손을 모아 고개를 숙여 하는 절을 '반절'이라고 해. 손을 모으는 것은 '합장'이라고 하고.

다른 종교인들도 기도를 할 때는 손을 모아. 이렇게 비는 손을 '비손'이라고 해. 그렇지만 불자들은 기도할 때뿐 아니라 사람을 마주칠 때마다 비손하고 반절을 해. 절이나 법당에 드나들 때도 비손반절을 올리고. 비손은 흐트러진 마음을 하나로 모아 부처님 품에 기댄다는 뜻을 가지고 있어.

부처님 앞에서 비손하고 절을 하는 것은 부처님 마음과 내 마음이 하나가 되어 부처님처럼 참답게 살겠다는 다짐이야. 스님을 비롯한 다른 사람에게 비손반절을 할 때도 부처님 못지않게 도두보며 더불어 살아가겠다는 다짐이고.

씨앗이 땅에 떨어져 움터 오르는 떡잎은 한 뿌리에서 나와 맞서지 않고 마주나서 서로 아우르며 자라. 마주난 떡잎이 햇살이나 달빛을 맞으며 자라면서 서로 북돋우듯이 사람들도 어울려 '우리'를 빚어간단다. 마주남을 줄인 말이 '만남'이야.

우리는 흔히 외톨이를 자유롭다고 여기지만 혼자서는 잠깐도 살아낼 수 없어. 자유로움은 서로 어울리고 드나드는 데서 생긴단다. 왼손과 오른손이 높낮이 없이 어울리듯이 자유로운 사이란 가로막지도 가로막히지도 않고 서로 도두보며 드나들 수 있는 사이란다. 서로 기댈 언덕이 되어주며 서로 살리지 않는 외톨이는 살아남을 수 없음을 알고, 서로 사이좋게 살자는 다짐이 바로 비손 인사로 드러나지 않았을까?

비손은 손 모양이 연꽃봉우리 같다고 해서 '연꽃비손'이라고도 해. 연꽃은 진흙탕에서 자라지만 더러움에 물들지 않고 맑고 향기롭게 피어나거든. 그 연꽃처럼 어수선하고 어지러운 세상에 살면서도 거기에 물들지 않고 사이좋게 어울려 살아가겠다는 뜻이 비손에 담겨 있어. 주먹을 쥐면 그 안엔 아무것도 없어. 그러나 주먹을 펴고 손을 모으면 때리는 손이 사라지고 그 자리에 사랑이 오롯이 피어오르거든. 사랑하는 마음씨, 우러르는 마음씨, 친절한 마음씨 모두 담겨 있지.

발우공양이
뭐야?

Q　할아버지, 엄마아빠랑 템플스테이에 다녀왔어. 식사 시간에 발우공양을 했는데, 이제는 밥을 남기지 않으려고 해. 그런데 발우공양 뜻이 뭐야?

A　그래? 집에 돌아와서도 밥을 남기지 않으려 한다니, 버리는 발우공양이 가리키는 뜻을 아주 잘 살리고 있구나. 발우공양은 쉽게 말하면, 음식을 남김없이 깨끗이 먹는 식사법이지. 바리때라고도 하는 발우는 스님들이 공양, 밥을 드시는 밥그릇이야. 부처님께서 살아계셨을 때 스님들이 걸식, 밥을 얻어먹으러 다닐 때 쓰던 밥그릇에서 유래했지. 공양에 담긴 본디 뜻은 부처님을 우러르는 마음을 담아 공물을 올리는 것을 가리켜. 절에서 밥먹는 것을 '공양한다'라고 하는 데는 그 밥을 짓기까지 애쓴 모든 이들에게 고마움을 잊지 않으려는 것이지. 그래서 그 마음을 담아 식사할 때 작은 예식을 치러. 바로 발우공양이야.

　발우공양에는 이런 뜻이 담겨 있어. 나이가 적고 많음을 떠나 같은 자리에서 똑같은 음식을 먹는다는 평등 정신. 먹을 만큼 먹고 한 톨도 남기지 않는 절제와 절약 정신. 나를 내세우지 않는 공동체 정신이지. 자, 뜻을 새기면서 발우공양 의식을 새겨볼까.

발우공양은 정해진 때에 스님이 한자리에 모인 뒤 죽비 소리에 맞춰서 시작해. 죽비를 한 번 치면 스님 몇 분이 맑은 물과 밥, 국과 반찬을 나눠 드려. 이어서 공양하는 뜻을 새기는 게송을 외우고 죽비를 세 번 치면 공양을 해. 공양을 할 때에는 발우를 들고 입이 보이지 않도록 하고, 씹는 소리가 나지 않도록 가만가만 먹어야 해. 공양을 다 마칠 즈음에 발우에 숭늉을 부어서 남겨놓은 김치 쪽으로 고춧가루 하나도 남김없이 깨끗이 닦아서 숭늉을 마셔. 말끔해진 발우에 맨 처음에 받았던 맑은 물을 부어서 손으로 헹궈. 그러고는 깨끗한 수건으로 발우에 묻은 물기를 닦는 것으로 공양이 끝나. 앉은자리에서 설거지까지 마치는 식사법으로 이보다 생태계를 아끼는 식사법은 없어. 발우공양에 담긴 뜻은 공양을 하기 전에 읊는 게송에 담겨 있어.

"이 음식이 어디서 왔는고
내 덕행으로 받기가 부끄럽네.
마음에 찌든 욕심을 내려놓고
몸을 받쳐주는 약으로 알아
참다움을 이루고자 이 공양을 받습니다."

할아비는 공양게를 하면서 상에 오른 밥과 국 그리고 반찬이 음식이 되기에 앞서 '한목숨'이었다는 것을 떠올려. 아울러 쌀 한 톨, 배추 한 포기가 길러지고 밥상에 오르기까지, 해와 달 그리고 물·흙·바람이 베풀어준 덕을 떠올리지. 또 이 음식에 농부를 비롯한 여러 사람들 땀이 서려 있다고 새기면서 고마움을 잊지 않으려고 해.

발우공양은 '만물과 많은 사람들이 애써 가꾼 음식을 먹은 나는 어떻게 살아야 할까?'를 새기는 공부이기도 하단다.

부처님 밥그릇은 몇 개였을까?

부처님은 평생 옷 세 벌과 발우 한 개로 사셨다고 해. 부처님 제자들도 발우를 한 개밖에는 가질 수가 없었어. 한 개 이상 갖게 되면 주위에 나눠 줘야 했어. 요즘 우리나라 스님들도 계를 받고 나서야 가사와 발우를 가질 수 있어. 가사와 발우는 스님이 평생 지녀야 할 불교 정신이라고 해. 욕심을 버리고 절제하고 참고 인내하며 자비를 베풀겠다는 뜻이 담겨 있지.

어떤 스님들은 왜 옷을
한쪽 어깨에만 걸쳐 입어?

Q   할아버지, 절에 갔더니 스리랑카에서 오신 스님들이 계셨어. 그런데 그 스님들은 우리 스님하고는 다르게 맨 몸에 한쪽 어깨에만 옷을 걸치셨더라고. 왜 그런 거야?

A   하하, 우리 벼리 눈썰미가 대단하구나. 지난번에 말했듯이 스님들이 입는 옷은 가사와 장삼으로 나누는데 스리랑카처럼 더운 나라에 사는 스님들은 맨 몸에 가사만 걸치고 사셔. 불상이나 스님들이 가사를 걸쳐 입는 방법은 두 가지야. 먼저 양쪽 어깨를 모두 감싸는 것이 있고, 오른쪽 어깨만 드러내는 것이 있어. 어깨를 드러내지 않고 감싸도록 가사를 입는 방식을 통견이라고 부르고, 오른쪽 어깨가 드러나도록 가사를 입는 것을 우견편단 또는 편단우견이라고 불러. 한쪽 팔이 드러나도록 가사를 걸치는 방식은 스님들이 윗사람을 공경한다는 뜻을 담은 지극히 공손하고 겸손한 예법이야.

《금강경》에서는 스님들이 부처님께 무엇을 여쭙기에 앞서서 편단우견하고 우슬착지해서 부처님에게 절을 하는 대목이 나와. 우슬착지란 한쪽 무릎을 땅에 대고 올리는 인사법이지. 우리나라 스님들은 장삼 위에 가사를 입고 오른쪽 어깨를 드러내.

가사는 조각으로 이어져 있어. 출가한 지 오래된 스님일수록 조각이 많아. 그래서 가사 조각을 보고 스님 출가 햇수를 헤아릴 수 있어. 말이 나온 김에 스님 출가 나이를 가리키는 말을 알려줘야겠구나. 스님 출가 나이를 '법랍'이라고 해. 간단하게 얘기하자면 '참다워진 나이'라는 뜻인데, 법랍은 스님들이 계를 받고 나서 하안거가 끝나는 날인 음력 7월 15일을 기준으로 꼽아. 그래서 스님들은 세상 나이(세랍)와 법랍, 두 가지 나이를 가져.

법랍이 오래된 스님일수록 가사 조각이 많은 까닭은 스님들이 가사가 낡아서 해지면 떨어진 데에 주운 헝겊조각을 대고 기워 입어서 누더기가 되어서 그래. 헝겊을 주워 기워 입는 일은 없어진 지 오래지만, 요즘도 그 전통을 이어받아 스님 법랍에 따라 조각을 내어 가사를 지어드리기도 해.

누구나 스님이
될 수 있을까?

Q 할아버지, 절에 갔다가 스님을 모집한다는
포스터를 봤어. 그런데 스님이 되겠다는 뜻을 세
우면 누구나 스님이 될 수 있는 거야?

A 예전에는 없던 일인데, 출가 포스터로 스님을 모집하는 시
대가 되었구나. 뭐든 널리 알리는 시대니까, 불교도 그 흐름에서
벗어날 수는 없겠지. 스님이 되는 데 무엇보다 중요한 것은 부처
님 뜻에 따라 참답게 살겠다는 다짐이야. 아울러 놓치지 말아야
것은 '출가해서 무엇을 이루려고 하느냐?'하는 뜻이야. 스님이
되어 살기란 여느 사람으로 살기보다 몇 배나 어렵거든. 스님이
되는 데는 몇 가지 조건이 있어. 우리나라 불교를 대표하는 대한
불교 조계종단 기준으로 알려줄게.

먼저 ① 조계종단 스님이 되는데 가장 앞세우는 것이 혼인
을 해서는 안 된다는 거야. 결혼을 했더라도 배우자와 헤어졌다
면 스님이 될 수 있어. 다만 이혼하고 여섯 달이 지난 사람이라
야 수계교육을 받을 수 있지. 아이를 낳은 사람이라면 친권을 포
기해야 해. ② 나이가 만 열다섯 살이 넘고 쉰 살을 넘기지 않은
사람만 스님이 될 수 있어. ③ 적어도 고등학교는 나와야 하는데

스무 살이 되지 않은 사람은 중학교만 졸업해도 수계교육을 받을 수 있대. 이 사람은 승려기본교육을 마치기 전까지는 고등학교 졸업자격을 갖춰야 해. ④ 장애가 있거나 정신질환을 비롯한 심각한 질병을 가진 사람과 혐오감을 줄 만한 문신을 새긴 사람은 출가할 수 없어. ⑤ 빚이 있는 사람도 출가할 수 없고.

출가는 어떻게 해야 하는지 알아볼까? 절이라면 어디에서도 출가를 할 수 있어. 출가하는 데 여성과 남성 구별은 없어. 다만 여성은 비구니 스님이 사는 절에, 남성은 비구 스님이 사는 절을 찾아가야지. 다니던 절이나 평소 마음에 두고 있는 절을 찾아가 행자 등록을 마치면 스님이 되는 첫 발은 내디딘 셈이야.

행자등록을 마치고 나서 여섯 달에서 한 해 가까이 행자 수련을 거쳐야 해. 그 다음 해마다 2월과 8월 보름 동안 이어지는 수계교육을 받고 10계를 지키겠다는 의식을 치르고 나면 여성은 사미니, 남성은 사미라는 예비스님이 되지. 10계는 다음과 같아. ① 산목숨 죽이지 않는다. ② 훔치지 않는다. ③ 남녀 사이에 법도를 지킨다. ④ 거짓말하지 않는다. ⑤ 술 마시지 않는다. ⑥ 몸을 꾸미려 향을 바르지 않는다. ⑦ 마음을 어지럽히는 놀이, 도박을 하지 않는다. ⑧ 높고 큰 평상에 앉지 않는다. ⑨ 때 아닌 때 먹지 않는다. ⑩ 금과 은, 보물을 갖지 않는다.

여기에서 끝이 아니야. 사미니와 사미는 승가대학에서 네 해 동안 열심히 공부해야 해. 승가대학을 마치고 나면 사미니는 348계를 받고 비구니 스님이 되고, 사미는 250계를 받아 비구 스님이 되지.

스님이 되려면 계를 수백 가지나 지켜야 한다니 너무 놀랍지? 이 계들은 주로 아침에 일어나서 저녁에 잠들 때까지 일상에서 스님들이 지켜야 하는 생활 규칙이 많아. 이를테면 크게 기침하거나 가래 뱉으면 안 된다, 음식을 입에 물고 말하면 안 된다, 마당을 쓸 때는 바람 반대 방향으로 쓸면 안 된다, 불 쪼일 때코딱지를 튕기지 마라, 일부러 점잖은 척 참선하는 모양새를 내서는 안 된다…처럼. 그런데 왜 남성보다 여성이 지켜야 할 규칙이 더 많은 걸까? 그래, 남녀평등에 맞지 않는다고도 볼 수 있지. 역사를 짚어 보면, 여성은 남성보다 옳지 않은 대우를 받았던 것은 틀림없어. 부처님 시대도 예외는 아니었어. 그러나 부처님은 남자들만 수행자가 될 수 있었던 때에 많은 반대를 물리치고 처음으로 여성도 출가할 수 있다고 허락하셨어. 최초로 비구니가 된 여성은 부처님 이모인 마하프라자타피야.

세상이 점점 변화되어 가고 있으니, 불교에 남아 있는 성 불평등은 점점 더 많이 고쳐질 거라 믿어.

보시는
돈 내는 거야?

Q 사람들이 법당에 있는 '보시함'에다 돈을 넣는 걸 보았어. 보시는 돈 내는 거지?

A '보시'는 산스크리트어 '단나dāna'에서 온 말로 '베풂' 또는 '나눔'이란 뜻이야. 벼리는 '베풂'이란 우리말이 어디서 왔는지는 아니? 신라 3대 임금인 유리 이사금 때부터 음력 7월에서 8월 사이 한 달 동안 서라벌에 있는 여섯 마을 아낙네들이 둘로 갈려서 길쌈대회를 했어. 길쌈은 베를 짜는 일인데, 어느 마을이 베를 많이 짜느냐는 내기였지. 그런데 내기가 끝나면 이긴 마을, 진 마을 할 것 없이 짠 베를 모두 모아 집집마다 식구 수대로 나눠주었어. 그 옷감으로 추석빔을 지어 입었지. 옷감이 아주 비쌌지만 서로 기쁜 마음으로 나누었어. 이처럼 베풂은 베를 풀어 나눈다는 데서 나온 말이란다.

내가 가진 것을 나누는 일은 참 어려워. 다른 사람도 나와 똑같다고 여겨야만 베풀 수 있지. 부처님도 "어머니가 외동이를 지키듯이, 살아있는 것을 모두 보듬어 안으라"고 말씀하셨어. 엄마가 벼리를 생각하는 마음을 떠올려 보렴. 아니 세상 모든 어미들은 새끼들을 끔찍이 아끼고 모든 것을 내주잖니? 그 마음이

206

보시, 베푸는 마음씨란다. 또 엄마는 베풀 때 아무런 대가를 바라지 않지? 진짜 보시는 왼손이 다쳤을 때 오른손이 생색내지 않고 약을 발라주는 것처럼 해야 해. 그러니까 보시는 내가 가진 것을 물이 흐르듯이 내남없이 나누기란다.

그런데 보시가 꼭 돈이나 물건을 나누는 것만은 아니야. 어떤 이가 부처님을 찾아와 여쭸어.

"부처님, 제가 하는 일마다 제대로 되는 일이 없으니 무슨 까닭입니까?"

"남에게 베풀지 않아서 그렇소."

"빈털터리인 제가 남에게 줄 것이 어디 있겠습니까?"

그러자 부처님은 이렇게 말씀했어.

"가진 것이라곤 몸밖에 없더라도 내어줄 수 있는 것이 일곱 가지나 있다오."

부처님이 말씀하신 '가진 것 없이도 베풀 수 있는 일곱 가지 보시'는 무재칠시(無材七施)라고 해. 하나하나 살펴볼까?

첫째 **눈길 나눔**(안시) : 만나는 사람마다 다사로운 눈길을 보내고 좋은 점 보기.

둘째 **낯빛 나눔**(화안시) : 밝은 웃음을 머금고 정답게 맞아 부드러운 낯빛 나누기.

셋째 **말씨 나눔**(언시) : 남이 하는 말을 귀담아듣고, 힘을 돋우는 말과 사랑 어린 말을 나누며 고운 말 쓰기.

넷째 **몸짓 나눔**(신시) : 짐을 들어주거나 일손을 거들고, 깍듯하고 반갑게 맞이하는 바른 몸가짐.

다섯째 **맘씨 나눔**(심시) : 어질게 온 마음을 기울여 정성껏 맞이하기.

여섯째 **자리 나눔**(좌시) : 지치고 힘든 사람에게 앉을 자리 내어주기.

일곱째 **살펴 나눔**(찰시) : 다리 뻗고 쉴 수 있는 쉼터나 잠자리 내어주기를 비롯해 굳이 묻지 않고도 속내를 헤아려 보듬기.

그러고 보니 지금 벼리가 동무들이나 이웃과 나눌 수 있는 보시도 많지? 참, 왜 사람들이 법당 안 보시함에 돈을 넣는 거냐고 물었지? 할아비가 보시 이야기에 푹 빠졌나 보다. 하하. 부처님은 사람들에게 참답게 사는 길을 일러주며 집집마다 다니면서 밥을 얻어 드셨어. 사람들은 부처님을 존경하는 마음을 담아 공양을 올렸어. 오늘날도 비슷해. 스님들도 부처님처럼 참답게 사는 법을 알려주고 가르침을 나누지. 사람들은 고마운 마음을 담아 보시함에 돈을 넣게 된 거야. 어떤 사람들은 공양미라고 쌀을 가져오기도 해.

엄마한테 왜
보살이라고 불러?

Q 할아버지, 절에 가면 엄마보고 보살님이라고 하는데 왜 그렇게 불러?

A 보살은 '보디사트바Bodhisattva'라고 하는 인도 말을 소리 나는 대로 옮겨 간추린 말이야. 우리가 '보리'라 부르는 '보디'는 깨달음을, 사트바는 목숨붙이를 일컬어. 그러니까 보살은 '깨달은 사람' 또는 '알아 가는 이'라고 할 수 있지.

무엇을 깨달았을까? 벼리한테 손이 몇 개지? 왼손과 오른손 쪽 보기에는 둘이야. 그런데 찬찬히 살펴보면 몸으로 이어져 있어. 알고 보면 하나란 말이야. 손가락에 가시 하나만 박혀도 온 신경이 그리 쏠리고 온몸이 괴롭잖아. 왜 그러겠어. 온몸이 다 이어져 있기 때문이야.

이처럼 지구에 사는 모든 목숨붙이는 모두 이어져 있어. 늘 이야기하지만 이산화탄소를 먹고 산소를 내뿜는 나무와 산소를 마시고 이산화탄소를 내뿜는 우리는 서로 떼려야 뗄 수 없는 사이야. 이와 같이 지구별에 있는 모든 것이 따로 떨어져 있지 않고 서로 이어져 '서로 살리고 있다'는 걸 알아챈 사람이 보살이야.

그런데 어째서 아빠한테는 보살이라고 하지 않고, 엄마한

209

테만 보살이라고 하느냐고? 사실 보살은 여성도 있고 남성도 있단다. 그런데 우리나라에선 여성에게만 보살이라고 부르지. 어째서 그럴까?

오래 전 일본에 이큐 스님이란 분이 계셨어. 이 스님이 어느 산골짜기 마을을 지나다가 골짜기에서 목욕하는 여인을 봤어. 물끄러미 그 모습을 바라보던 스님이 머리에 쓴 삿갓을 벗어 놓고 공손히 절을 하고 돌아섰어. 이걸 본 마을 사람들이 귀하신 스님이 어찌 하찮은 아낙네에게 절을 했느냐고 여쭀어. 스님은 말했어.

"하찮다니요. 여러분이 잘 모르고 하는 말씀입니다. 석가모니부처님도 여성 몸에서 나왔습니다. 여러분도 나도 모두 여성에게서 태어났습니다. 여성은 우리 고향이며 불법을 낳은 거룩한 보물창고입니다. 그래서 절을 올렸습니다."

이처럼 여성은 아이를 낳아 기르면서 털끝만큼도 바라는 마음 없이 보살펴. 밤잠을 자지 못하도록 칭얼거려도 군말 없이 어르고, 밥상머리에서 똥을 눠도 짜증내지 않고 기저귀를 갈아 줘. 이와 같은 어머니 마음을 갖춘 여성이 남성보다 한결 모든 목숨붙이가 겪는 어려움에 안타까워하며 어우르곤 하지. 남성은 아무래도 여성에 견줘 애틋해 하고 글썽이는 마음이 모자라. 그래서 더 여성에게 보살이라고 하지 않았을까 싶구나. 그러고 보니 우리 벼리도 동무가 아파하는 걸 가만히 두고보지 못하니 '벼리 보살님'이라고 불러야 하겠구나.

도반이
무슨 말이야?

Q   할아버지, 스님들끼리 서로 도반이라고 소개하면서 인사 나누는 걸 보았어. 도반이 무슨 말이야?

A   도반은 쉽게 말하면 동무야. 그러나 그냥 알고 지내는 동무가 아니라, 참다운 길을 같이 가는 '길동무'를 가리키는 말이지. 부처님은 "생각이 깊고 바람직하고 슬기로운 동무를 얻는다면, 어떤 어려움이 있더라도 이를 넘어서서 기꺼이 함께 가라. 그러나 생각이 깊고 슬기로운 동무를 얻지 못했거든 차지한 나라를 버리고 떠나는 임금처럼, 차라리 홀로 갈 것이지 어리석은 사람과 벗하지 말라"고 하셨어. 부처님은 홀로 걷는 것을 두려워 말라는 뜻과 함께 좋은 도반을 만날 것을 바라신 것이지.

요즘은 벗을 친구라고 하지만, 할아비가 어렸을 때는 동무라고 했어. 내가 다니던 초등학교 교가가 '삼월 삼짇 제비들도 한마음 한뜻, 구월 구일 기러기도 한마음 한뜻. 높은 산 깊은 바다 머나먼 길도 한마음 한뜻으로 다다른다네. 서로 손잡자 공덕 동무야…'였지. 그런데 2학년 때부터 '공덕 동무야'를 '공덕 어린이'로 바꿔 부르도록 했어. '동무'는 북한에서 쓰는 말이니 써서는 안 된다면서. 그렇지만 동무는 오래 전부터 써 온 우리말이야.

211

벼리도 친한 아이하고는 '어깨동무'하며 놀지 않니? '친구 따라 강남 간다'는 우리 속담도 본디 '동무 따라 강남 간다'였어.

영국에 있는 신문사가 "가장 북쪽에 있는 도시 컬크웰에서 런던까지 가장 빨리 가려면 어떻게 가야 하느냐?"면서 널리 뜻을 모았어. 많은 사람들이 비행기나 기차를 비롯해 갖가지 교통수단을 늘어놨어. 어떤 것이 뽑혔을까? 뜻밖에 '좋은 벗과 함께 가기'란 말이었어. 뜻이 맞고 어울릴 수 있는 말동무와 더불어 가다 보면 시간이 언제 흘렀는지 알 수 없을 만큼 금세 가닿는다는 말이야. 거꾸로 한마음 한뜻으로 뭉친 친구와 길을 가면 어렵고 힘든 길도 견딜 수 있다는 뜻이기도 해.

오래도록 부처님을 모신 아난다가 어느 날 부처님에게 "저는 좋은 벗과 함께한다는 것은 거룩한 길에 '반'은 이른 것과 같다고 생각합니다"하고 말씀드렸어. 그러자 부처님은 이렇게 말씀하셨지. "아니다. 좋은 동무는 늙음에서 벗어나고, 병에서 벗어나고, 죽음에서 자유롭게 한다. 그러므로 좋은 벗을 갖는다는 것은 거룩한 길 '모두'라고 해야 한다"고.

부처님은 수행에서 도반은 반이 아니라 '다'라고 하실 만큼 동무를 귀히 여기셨어. 우리 삶도 같아. 사람 사이가 가장 중요하지. 벼리도 동무들과 사이가 좋으면 학교에서 신나게 지내고, 나쁘면 학교 가기 싫지? 부처님 말씀처럼 좋은 동무를 사귀려면 어떻게 해야 할까? 좋은 벗이 가까이 있기를 바라기에 앞서서 네가 먼저 이웃을 아우르는 좋은 동무가 되어야 하지 않을까.

포살이
뭐야?

Q 할아버지, 스님들이 보는 달력에 '포살'이라고 쓰인 날이 있었어요. 포살이 뭐야?

A 포살이 무얼까? 참, 지난번 벼리 네가 너무 더워서 엄마한테 시원한 걸 좀 사달라고 하려고 부지런히 집에 들어갔는데 엄마가 없었다고 했잖아. 망설이다가 엄마 지갑에서 돈을 꺼내 아이스크림을 사먹고 나서 엄마에게 말씀드린다는 걸 깜빡 잊었다고 했지? 그때 할아비가 이제라도 늦지 않았으니 엄마한테 털어놓으라고 했는데 기억나니? 그때 네가 엄마에게 "엄마가 안 계셔서 허락 없이 돈을 가져다 아이스크림 사 먹었어요. 까먹고 지금 말씀 드려요"라고 했다고 했지? 그게 바로 '포살'이란다. 잘못을 털어놓는 것 말이다.

포살은 스님들이 보름에 한 번씩 이웃 앞에서 제가 지은 허물을 털어놓고 다시는 그렇게 하지 않겠다고 다짐하는 의식이야. 이와 닮은 제도가 하나 더 있어. '자자'라고 해. 자자는 부처님 당시 여름안거 석 달을 마치면서 갖는 모임이야. 안거를 마친 스님들이 그동안 제가 한 짓이나 말 가운데 잘못된 것이 있는지를 둘레 사람들에게 물으며 돌이켜보는 의식이야. '포살'이 제

213

잘못을 스스로 털어놓는 것이라면, '자자'는 저도 모르게 저지른 잘못이 없는지 이웃에게 물어보고 혹시 그랬다면 다시는 그런 잘못을 저지르지 않겠다고 다짐하는 거야. 부처님은 이 자리에 모든 제자들이 빠짐없이 와야 한다고 말씀하셨대.

할아비도 늦었지만 벼리 앞에서 포살 시간을 가져볼까. 내가 어려서는 살림이 어려워 만화책을 사볼 수 있는 애들이 없었어. 그런데 어쩐 일인지 몇몇 아이가 만화책을 가지고 다니면서 으스댔어. 그때 어떤 아이가 학교 가는 길목에 있는 만홧가게는 주인할머니가 눈도 귀도 어두워서 한두 권 훔쳐도 잘 모른다고 말했어. 별 생각 없이 스쳐들었는데 어느 날 그 만홧가게에 가서 만화를 보다가 그 말이 떠올랐어. 머뭇거리다가 만화책 한 권을 슬쩍 스웨터 안에 숨겼어. 낯이 화끈거리고 가슴이 벌렁벌렁했어. 때마침 할머니가 구석에 있는 만화책에 쌓인 먼지를 털더라고. 얼른 스웨터를 감싸 쥐며 나오려는데 할머니가 부르셨어. 고구마를 구웠는데 하나 먹고 가라고. 어른이 주시니까 두 손을 내밀었는데, 스웨터에 감춘 만화책이 그만 바닥에 툭! 떨어지고 말았어. 얼굴이 홍당무가 된 내게 할머니는 "만화책이 그토록 가지고 싶었니?" 하면서 가져가라는 거야. 고구마고 만화책이고 다 내팽개치고 "으허엉, 잘못했어요" 하면서 뛰쳐나오고 말았어. 할머니는 내가 만화책을 훔친 줄 알고 도둑놈으로 만들지 않으려고 일부러 고구마를 건네셨던 같아.

포살이나 자자를 하는 까닭은 잘못을 짚어 꾸짖는 데 뜻을

두는 것이 아냐. 할머니가 보여주셨듯이 잘못을 보듬어 다시는
잘못을 저지르지 않도록 일깨우는 데 그 뜻이 있는 거란다.

5장

불교를 알면
힘이
엄청 세져

좋아, 그럼 어두컴컴한 산속을 떠올려 봐.
달빛도 별빛도 없는 산속 말이야.

갑자기
왜?

그런 산속에는
친구가 많아도
길을 잃을 수밖에
없겠지?

당연하지
아무것도
안 보일 테니까.

하지만 아무리 어두워도 씩씩하게 앞으로
가다 보면 너도 반딧불이처럼 빛이 날 거야?

그렇게 계속 가다 보면 네 빛을 좇아서
따라오는 친구가 분명 있을 거야.

같이 가자!

부처님도 그랬대. 부지런히 자기 마음을
닦았을 뿐인데 친구가 저절로 생겼대.

진짜?

진짜지. 누나가 언제
거짓말 하는 거 봤어?

자비가
뭐야?

Q 할아버지, 절에 다니면서 자비라는 말을 참 많이
들었어. 불교는 자비로운 종교라는데 자비가 뭐야?

A 이제 물음이 점점 불교 고갱이를 파고드는구나. 불교는 '부
처님가르침'을 따르면서 스스로 '부처를 이루는 길'이기도 해.
다른 종교는 교조, 그러니까 가르침을 펼친 절대자를 그대로 섬
기고 따를 뿐이지, 스스로 갈고 닦아 그분과 같아질 수 있다고
나와 있는 것은 불교밖에 없어.

석가모니부처님이 가르친 고갱이는 '자비' 곧 사랑이야. 부
처님은 자비로워야 한다는 당신 말씀처럼 한평생을 자비롭게
살다가셨지. 깨달음에 머물지 않고 삶에서 자비로움을 고스란
히 드러내는 불자들이 있기 때문에 불교가 철학에 머물지 않고
종교가 될 수 있었어. 자비에서 '자'는 더불어 기뻐한다는 뜻이
고, '비'에는 함께 앓는다는 뜻이 담겨 있어. 자비로움이란 남이
잘되는 것을 더불어 기뻐하며, 누가 아프면 그저 바라보고만 있
지 않고 눈물을 글썽이며 같이 앓는다는 말이야.

이 세상에 사랑을 얘기하지 않는 종교는 없어. 그런데 그 사
랑이 대부분 사람에 머무르고 말지. 그렇지만 세상살이란 만물

이 더불어 살아가야 하잖아. 푸나무나 짐승, 벌레가 없다면 사람도 살아남을 수 없어. 그러니 우리 곁을 지켜주는 동식물에게 고마워해야 하지 않겠어? 그런데 고마워하기는커녕 자비롭지 못하게 굴어. 얼마 전 살충제 달걀 때문에 어수선했지. 옴짝달싹도 할 수 없이 좁은 데 가둬 기르는 닭들에게 전염병이 돌까봐 살충제를 뿌려대서 생긴 일이라잖아. 숨이 막히도록 좁은 데서 길러지면서 한을 품은 소나 돼지 그리고 닭고기를 먹고 살아가는 사람들 마음결이 멀쩡할 수 있을까? 사람들이 조그만 일에도 참지 못하고 성을 내거나 우울해하는 것이 어쩌면 이와 관계가 있는 건 아닐지 돌아봐야 해.

사랑이 사람에만 머물지 않고 살아있는 모든 목숨붙이에게 두루 이르도록 하는 것이 자비로움이야. 부처님은 "살아있는 목숨붙이라면 동식물을 가리지 않고 남김없이 마음 놓고 살 수 있도록 하겠다고 다짐해야 한다. 어머니가 외동이에게 '너를 살려야 내가 살 수 있다'는 마음으로 아이를 보살피듯이 살아있는 모든 것을 보듬어 가없는 자비심, 곧 살갑고 도타운 마음을 내야 한다"고 이르셨어.

아무리 그래도 어찌 사람도 아닌 동식물에게 쉽사리 자비로운 마음을 낼 수 있겠느냐고? 그건 평소에 마련이 되어 있지 않아서 그래. 우리가 기도나 참선을 하고 경을 읽는 것은 바로 마음이 열리도록 길들이는 훈련이지. 마음을 열려면 늘 깨어 있어야 해. 언제나 깨어 있는 이가 바로 부처란다.

자비 반대말은?

자비에 맞서는 말은 '무자비'야. 자비를 확 와 닿게 하는 말이 무자비인 것 같아. 정이 없고 모질고 잔인한 사람을 가리켜 '무자비한 놈'이라고 하잖아. 우리가 자비로워지려고 노력하는 것도 귀한 일이지만, 무자비해지지 않는다면 자비는 당연히 지켜지는 것이 아닐까.

무소유는 아무것도
가지지 말라는 거야?

Q   할아버지가 법정 스님 이야기를 자주 하셔서 인터넷을 찾
아보았어. 그랬더니 '무소유'가 바로 나와. 법정 스님이 '무소유'
를 말씀하셨다는데, 무소유는 아무것도 가지지 말라는 소리잖
아. 아무것도 가지지 않고 어떻게 살아?

A   벼리 너뿐 아니라 많은 사람들이 법정 스님에게 "무소유라
니 아무것도 가지지 말고 가난뱅이로 살라는 말이냐?"고 묻곤
했단다. 스님은 그때마다 이렇게 말씀하셨지.

　"'무소유'란 아무것도 갖지 않는다는 뜻이 아닙니다. 궁색
한 빈털터리가 되라는 말이 아니에요. '무소유'란 아무것도 갖지
않는다는 것이 아니라 불필요한 것을 갖지 않는다는 것입니다.
'무소유'에 담긴 참된 뜻을 헤아릴 때, 우리는 보다 홀가분하게
살아갈 수 있습니다."

　어떤 분이 법정 스님에게 만년필을 드렸어. 스님은 원고지
에 닿을 때 사각거림이 좋아 한껏 누리셨지. 어느 해 유럽 여행
을 가셨다가 만년필 가게에서 똑같은 만년필을 보고 하나를 더
사셨어. 그리고 나니 하나였을 때 누리던 살뜰함이 사라지고 말
았대. '아차!' 싶었던 법정 스님은 새로 산 만년필을 얼른 다른

223

스님에게 주셨어. 그랬더니 사라졌던 소중함이 되살아났다는구나. 가볍게 스치고 말 수도 있는 이 말씀에는 깊은 뜻이 있어.

만년필 한 자루가 글을 쓰면서 제 구실할 때 나머지 한 자루는 쓸모를 잃을 수밖에 없잖아. 사람이든 물건이든 제 노릇할 수 있도록 제자리를 찾아줘야 한다는 커다란 일깨움이 아닐 수 없어.

스님은 또 "우리는 필요에 따라 물건을 갖게 되지만, 때로는 그 물건 때문에 적잖이 마음이 쓰이게 된다. 그러니까 무엇인가를 갖는다는 것은 한편으로 무엇인가에 얽매인다는 뜻"이라고도 하셨어. 제 욕심 채우려고 없어도 되는 재물을 모아다 잔뜩 쌓아둔 사람은 그걸 잃을까봐 마음 쏟으면서 지키려고 안간힘을 기울이게 돼. 쌓아두는 게 스스로에게 이로운지 해로운지 짚어봐야 하는 얘기가 아닐 수 없어.

윤구병 선생님은 법정 스님 책 《무소유》를 추천하면서 이렇게 썼어. "무소유는 공동소유를 가리키는 다른 이름이다. …… 나눔과 섬김, 그 바탕은 무소유에 있다." 할아비는 여기 나오는 섬김을 사람과 사물에 담긴 쓸모를 도두보는 것으로 받아들여. 이 쓸모를 많은 사람들과 두루 나눠 서로 살리는 것이 바로 무소유 철학이 아닐까.

부처님은 밥을 빌어먹는 걸식(탁발)을 하셨다고 했지? 탁발에는 꼭 지켜야 할 규칙이 있었는데, 그날 탁발한 음식은 그날 다 먹어야 했어. 내일 먹으려고 남기지 말라고 했어. 얻어온 밥은 몸이 아파 탁발을 나가지 못한 수행자들에게 먼저 드리고, 먹고 남은 음식은 가난한 이웃이나 동물들에게 나누라고 하셨지. 쌓아두는 것에서 비롯되는 '욕심'을 조심하라는 뜻이었지. 이것이 부처님이 몸소 보여주신 '무소유'란다.

부처님은 돈을 벌라고 하셨어

'무소유' 하니까 사람들은 부처님이 가난하게 살라고 했다는 말로 잘못 알아듣기도 해.《앙굿따라니까야(증일아함경)》에 '재물에 관한 부처님 말씀'이 나와. 부처님은 재가자들은 올바른 방법으로 제 손으로 부지런히 일해서 돈을 벌라고 하셨어. 그렇게 얻은 돈으로 식구들을 돌보고 이웃과 나누는 기쁨을 누리라고 하셨어. 그러면 이웃들이 행복을 빌어줄 것이라고 했지.

왜 "복 받으라"는 말 대신
"복 지으라"고 해

Q 할아버지, 스님에게 세배를 드렸더니 "새해 복 많이 지어라"라고 하셨어. 다른 사람들은 '새해 복 많이 받으라'고 하는데, 스님은 왜 복을 지으라고 해?

A 그러게. 스님은 어째서 복을 받으라고 하지 않고 복을 지으라고 하셨을까? 먼저 받는 것과 짓는 것이 어떻게 다른지 살펴보자꾸나. 받는다는 말은 누군가가 주지 않으면 받을 수 없다는 뜻이야. 그렇지? 그러나 짓는다는 말에는 누가 지어주지 않아도 스스로 지어서 누릴 수 있다는 뜻이 담겼어.

짓기에는 짝짓기 그리고 농사짓기와 밥 짓기, 집짓기나 옷 짓기 따위가 있는데 모두 몸을 써서 지어. '짓기'란 낱말은 '짓다'에서 왔어. 짓는 일을 간추려 말하면 '짓'이야. 사랑해서 짝짓기를 해야 아이를 낳을 수 있고, 열심히 농사를 짓지 않으면 먹고 살 수 없어. 집이나 옷을 짓지 않으면 비바람 그리고 추위와 더위를 고스란히 견딜 수밖에 없고.

부처님은 "스스로 짓고 스스로 받는다"고 하셨어. 복을 스스로 짓지 않고도 누리기만 할 수 있을까? 어림없어. 복을 짓지 않고 누리려면 다른 사람이 지은 복을 훔치거나 빼앗을 수밖에 없는데 그러면 그에 따른 대가를 치를 수밖에 없어.

부처님이 살아계실 때 아나율이란 스님이 있었어. 이 스님은 잠을 이기지 못해 부처님이 말씀하실 때 자주 졸다가 부처님에게 꾸지람을 들었어. 깊이 뉘우치고는 잠도 자지 않고 공부를 하다가 눈이 멀었다는구나. 앞이 보이지 않으니까 아침에 일어나 씻고 밥 먹고 옷 입기는 말할 것도 없이 걷는 데도 어려움이 적잖이 따랐을 테지? 어느 날 해진 옷을 기우려고 더듬더듬 바늘과 실을 찾아 바늘귀에 실을 꿰려고 했어. 안간힘을 써도 꿸 수 없으니까 한숨을 내쉬면서 혼잣말을 해. "누구든 복을 지으려는 사람이 실을 꿰어주었으면 좋으련만…."

그때 누군가가 스님 손에서 바늘과 실을 받아 들고는 말없이 해진 옷을 기워 건네면서 "잘 되었는지 보렴" 하는 거야. 부처님 목소리였어. 옷을 꿰매어 준 사람이 부처님인 줄 알고는 어쩔 줄 몰라 하던 아나율 스님이 부처님께 여쭸어.

"아! 부처님. 부처님은 복덕과 슬기를 두루 갖춘 분인데 복을 더 쌓을 까닭이 있나요?"

그러자 부처님 이렇게 말씀하셨지.

"그대 말대로 나는 어느 누구보다 복을 많이 쌓은 사람이긴 하다. 사람들은 '몸과 말, 그리고 생각'으로 삶을 지어간다. 그런데 어떻게 해야 참다운 삶을 지을 수 있는지 알지 못해서 잘못을 저지르고 나쁜 길에 떨어져 힘들어한단다. 그러니 그이들을 보듬으려고 하는 나는 복을 더 많이 지어야 하지. 이 세상 어떤 힘도 스스로 지은 복을 넘어설 수는 없어. 깨달음도 스스로 지은 복 밭에서 일어나지."

스님이 어째서 복을 많이 지으라고 하셨는지 이제 알겠니?

가피가
무슨 말이야?

 Q 할아버지, 이모가 꿈꾸던 직장에 들어갔어. 이 소식을 듣고 엄마가 "부처님 가피를 입었구나" 하며 좋아하셨어. 그런데 부처님 가피가 무슨 말이야? 옷처럼 입는 거야?

A 하하. 가피를 옷처럼 입을 수 있으면 참 좋겠구나. 그러면 할아비도 몇 겹이나 껴입을 텐데… 그나저나 취직하기가 별 따기만큼이나 어려운 시절에 직장을 구했다니, 벼리 이모는 무척 기쁘겠구나. '가피'는 바람을 이루려고 정성껏 애쓰는 사람이 품은 뜻이 이뤄지도록 하는 부처님 힘을 가리킨단다. 부처님 힘이 느껴진다면 더 용기 나고 힘도 나겠지?

가피에는 '몽중' 가피와 '현증' 가피 그리고 '명훈' 가피 세 가지가 있다고 해. 몽중은 꿈속이라는 말인데, 너무 간절히 바라다보니 꿈에서 부처님이나 보살님을 만나 바람을 이루는 것을 가리켜. 현증 가피란 바람이 실제로 기적처럼 이루어지는 것이야. 명훈 가피는 우리가 바라고 노력하면 그대로 이룰 수 있는 것으로, 평소 느끼지 못하더라도 부처님은 늘 우리 곁에서 보살피고 계시다는 뜻이지.

법정 스님은 무슨 일이든지 마음먹었으면 머뭇거리지 말고 바로 하라고 말씀하셨어. 할아비는 그 말씀대로, 오래도록 끊어야지 생각만 하고 있던 술과 담배를 단박에 멀리했어. 그랬더니 시간이 넉넉해져서 식구들과 집에서 저녁도 먹고 즐겁게 어울리는 복을 누리게 되었어. 바로 명훈 가피이지.

또 2006년 법정 스님이 쓰신 책을 어떤 분에게 읽어보라고 드렸는데 그분은 법정 스님이 누구인지 전혀 모르는 거야. 그때 법정 스님이 우리에게 주신 가르침을 널리 알려야겠구나, 마음먹었어. 다섯 해 동안 열심히 글쓰기를 해서 《법정스님 숨결》이란 책을 펴냈지. 그 뒤로도 책을 여러 권 더 썼어. 평생 일기도 쓰지 않던 내가 책을 여러 권 펴내는 현증가피를 입은 거지.

요즘은 할아비가 여러 학교를 다니면서 벼리 네 또래나 언니오빠들하고 한반도 평화 이야기를 나누고 있는데, 한때 이 일이 벅차다는 생각을 하고 그만할까 싶었어. 그때 꿈속에 법정 스님이 나타나서 "앞으로 죽 나아가라"고 하시는 거야. 아, 이게 그 몽중 가피구나 싶었단다. 덕분에 다시 힘을 내서 그 일을 계속하고 있지.

사람들은 누구나 바람을 가지고 살아가. 바라는 것이 있으니까 열심히 공부를 하고 일도 하지. 그런데 애는 쓰지도 않고 열매를 거둘 수 있을까? 아니야. 가피는 메아리 같은 거야. '내 애씀에 돌아오는 응답'이지. 이루기 어렵지 않을까 싶어도 마음을 다하고 있는 힘을 쏟아 정성껏 해봐. 그 모습을 본 둘레 사람

231

들이 힘을 보태주게 되고 마침내 바라는 것을 이룰 수 있게 되어. 이럴 때 "정성을 다하면 하늘도 감동한다"고 말하지.

여기서 빼놓을 수 없는 것은 곧은 줏대와 굳은 다짐과 이에 따라 삶을 부지런히 지어가는 것이야. 가피를 이루는 힘은 거기서 나오거든.

동물을 풀어주는 방생도
함부로 하면 안 된다고?

Q　할아버지, 방생은 산 동물을 풀어주는 좋은 일이잖아. 그런데 엄마는 아무 동물이나 풀어주면 안 된대. 왜 그래야 해?

A　그래, 엄마 말이 맞아. 방생이란 풀어주어 목숨을 살린다는 뜻이야. 덫에 걸린 산짐승을 풀어준다던가 가뭄으로 바닥이 드러난 저수지에서 죽어가는 물고기들을 건져다가 강물에 풀어주는 것을 가리켜. 먹으려고 잡은 물고기나 새 따위를 시장에서 돈 주고 사서 풀어주고 있지. 방생은 좋은 업을 쌓으려고 하는 거야. 산목숨을 죽이지 않는 것도 착한 일이지만, 위태로운 처지에 있는 목숨붙이를 살려주니 더 좋은 일이겠지?

그런데 요즘 어떤 상인들은 방생하는 사람들에게 팔려고 일부러 자라나 물고기를 잡는다더구나. 또 본디 살던 곳과 다른 엉뚱한 곳에 풀어놓아서 되레 목숨이 위험해지기도 해. 이런 일들은 방생이 지닌 뜻에서 한참 벗어나는 일이야. 참다운 방생은, 착한 업을 쌓으려는 욕심으로 방생을 하기보다는, 오히려 날마다 먹는 짐승과 물고기를 덜 먹는 데 있지 않을까?

일본에서 전설이 된 관상가가 있어. 미즈노 남보쿠라고 하는 사람인데 이런 말을 했단다.

233

"부처님은 당신이 드실 음식을 더는 줄일 수 없을 만큼 줄여 드시고 나머지를 누리에 공양해 그 덕이 누리를 채워 시간이 흐를수록 더욱 널리 퍼졌습니다. 그런데 사람들은 흔히 돈으로 누구를 도울 수 있다고 여깁니다. 그러나 하늘과 땅에 사는 자연에는 돈과 재물이라는 개념이 없습니다. 사람이 만든 돈과 재물은 돌고 돌기에 내 것이라 할 것이 없습니다. 아울러 내가 배불리 먹고 남은 것으로 누굴 돕는다면 그건 본디 받는 사람 몫입니다. 내게 주어진 몫을 덜 먹고 나눠야 참다운 노릇입니다. 쌀 한 톨 아끼는 것이 더 없는 방생입니다. 볍씨 몇 톨이 땅에 떨어져 싹이 트면 한 섬이 되고, 한 섬이 천 섬이 되며, 천 섬이 수백 만 섬이 됩니다. 하루 반 공기씩만 줄여도 몇 해 만에 수백만 석에 이릅니다. 이것이 바로 목숨 살림, 곧 방생입니다"

어때? 이 말은 지금 우리에게도 새겨들어야 할 말이 아닐까.

법정 스님은 2002년 부처님오신날 법회에서 "모든 생명은 부처님씨앗을 가지고 있다. 따라서 어떤 생명을 죽이는 것은 그 생명이 부처가 되는 길을 가로막는 짓이다"라고 하셨어. 또 2005년 부처님오신날에는 "부처님은 어디서 오셨을까? 부처님은 도솔천이 아니라 자비심에서 오셨다. 무엇을 하려고 오셨을까? 바로 자비심을 드러내려고 오시는 것이다"라고 하셨지.

할아비는 내 먹을 것을 줄이고 욕심을 줄여서 이웃을 살리는 일이야말로 참다운 방생이라고 여겨. 여기서 이웃이란 사람만 가리키는 게 아니라 살아있는 모든 목숨붙이를 일컫는단다.

목숨을 죽이지 않아야 하는데
군대는 가야 해?

Q   할아버지, 모기 한 마리도 함부로 죽이지 않아야 한다고 말씀하셨잖아. 그런데 왜 군인이 있어? 군대는 평화를 지킨다고 하면서 사람들을 죽이기도 하잖아.

A   허허, 참으로 어려운 물음이구나. 나라를 지켜야 하는 군인은 어쩔 수 없이 산목숨을 죽여야 하는 일에 맞닥뜨릴 수도 있는데 어찌해야 할까? 부처님은 "나는 손에 칼을 쥔 사람에게는 참다워지는 길을 알려주지 않는다. 쇠로 된 어떤 것이라도 가질 수 있지만 무기만은 안 된다"고 말씀했어. 또 "누구를 해코지해서는 어떤 문제도 풀지 못한다. 왜냐하면 그것은 또 다른 폭력을 부르기 때문이다"라고도 하셨지. 부처님은 전장 한복판에 나서서 싸움을 막은 적도 여러 번이었어.

그런데 군인은 적과 맞서 싸울 때 적을 죽이는 것이 의무잖아. 부처님은 이 문제를 어떻게 다뤘을까? 빔비사라 임금이 다스리는 마가다 국 군인 몇몇이 전투를 하면서 쌓게 된 나쁜 업을 괴로워하다 출가를 하고 말아. 이 보고를 받은 빔비사라 임금은 부처님을 찾아가 하소연 해. "군인들이 다 스님이 되어버린다면 나라를 지킬 사람이 하나도 남지 않을 수도 있습니다. 그러면 왕

국뿐 아니라 승가에도 재난이 닥칩니다. 그러니 군인들이 더 이상 출가를 하지 않도록 막아 주십시오." 부처님은 이 말을 받아들여 왕궁 수비대는 누구도 출가해서는 안 된다는 규율을 만드셨어. 군대가 있을 수밖에 없다는 사실을 받아들이신 거지.

그러던 어느 날 스님 여섯이 전투에 나선 군인들을 보러 갔다가 재가불자들에게 비난을 샀어. 그 뒤로 부처님은 올바른 까닭이 없이 스님이 전투하는 것을 구경하듯 하는 것은 잘못이라고 말씀하셔. 아울러 스님은 군대에 머물 일이 있더라도 사흘 밤을 넘어서는 안 된다, 두어 밤을 머물더라도 모의 전투나 열병식을 보러 가서는 안 된다는 규율도 있어.

그러면 군대를 아예 없애는 일이 정말 불가능할까? 아니야. 요즘 세상에 위험을 무릅쓰고 군대를 없앤 나라가 있어. 코스타리카는 1949년 스스로 군대를 없앴어. 어느 나라도 하지 못한 일을 처음으로 한 나라지. 군대를 없앤 뒤에 여러 번 위험에 빠졌지만, 그때마다 국제법으로 슬기롭게 풀어냈다고 해. 대신 군대에 쓸 돈을 사람들을 가르치고 건강을 지키는 데 썼어. 힘을 사람들이 행복해지는 데 몰아쓴 거지. 코스타리카는 이제 유엔 평화대학이 있을 만큼 아주 평화로워. 평화가 뭐냐고 물으면 초등학교 아이들 입에서도 서슴지 않고 "민주주의, 인권, 생태죠"라는 말이 튀어나온대. 나라 사람이 모두 평화를 가슴에 새기고 있는 나라지. 군대를 없애도 나라가 망하지 않는다는 걸 보여주는 본보기가 바로 코스타리카란다.

지구별에 있는 온 나라들이 코스타리카처럼 바뀌면 좋겠지. 벼리 너희 또래 아이들을 보면, 영 이루지 못할 꿈은 아닌 것 같아.

살인범도
깨달을 수 있을까?

Q   할아버지, 부처님은 살인범을 막아서기도 하셨대, 더구나 그 무서운 사람을 제자로 삼았다는데, 어떻게 그럴 수 있어?

A   아, 벼리도 그 이야기를 들었구나. 부처님이 계실 때 무서운 살인자가 있었어. 요즘 말로 하면 연쇄살인범이야. 이름은 앙굴리말라. 백 명을 죽여 손가락을 잘라 목걸이를 만들어 걸면 깨달음을 얻을 수 있다는 그릇된 꼬임에 넘어가 수많은 사람을 죽인 거야. 코살라 임금 파세나디가 앙굴리말라를 잡으려고 했지만 소용없었어.

    살인을 막으려는 부처님이 숲으로 들어서자 앙굴리말라는 "게 섰거라!"하며 덤벼들었어. 대꾸 없이 걷기만 하는 부처님을 가까스로 쫓아온 앙굴리말라가 숨을 몰아쉬며 소리쳤어. "왜 멈추지 않는 거야?" 부처님은 말했어. "나는 멈췄다. 멈추지 않은 것은 그대이다. 나는 휘두를 모든 몽둥이를 오래 전에 내려놨다. 그러나 그대는 스스로를 무너뜨리며 죽음으로 치닫고 있구나." 이 말에 퍼뜩 정신이 든 앙굴리말라는 이미 수많은 사람을 죽인 터라 "멈추기에는 너무 늦지 않았습니까?"하고 물었어. 이미 너무 많은 죄를 지어서 어쩔 도리가 없다는 뜻이었지. 부처님은

239

"걱정하지 말라. 그대는 그저 바로 모든 생각을 내려놓기만 하면 된다"고 말씀했어. 앙굴리말라는 그 길로 머리를 깎고 스님이 됐지.

부처님은 몇 마디 말에 어떻게 살아야 참다운지를 다 담아내셨어. 부드러운 말결과 넉넉한 품으로, 살인범 손에 죽었을지 모르는 사람들은 말할 것도 없이, 살인범 목숨까지 살려내고 깨닫도록 해주셨지.

이즈음 이 사실을 모르는 파세나디가 부처님을 찾아뵙고 살인범이 가까이 있으니 조심하라고 알려드렸어. 부처님은 살인범이 죄를 뉘우치고 스님이 됐다면 풀어줄 수 있겠느냐고 물으셨어. 파세나디는 억울하게 목숨을 잃은 사람들, 그 부모형제와 아내와 남편이 울부짖고 있는데 어떻게 풀어주겠느냐며 손사래 치지. 그러나 부처님은 '원한은 거듭 원한을 낳는다, 나쁜짓을 그만두고 참답게 뉘우친 사람을 거둬준다면 하늘을 울릴 것'이라고 말씀하셔. 파세나디는 살인범이 쉽사리 뉘우칠 리가 없지만, 만약에 그렇다면 부처님 뜻에 따르겠다고 했어. 그렇게 아힘사(비폭력)란 법명을 받고 스님이 된 앙굴리말라를 만나고 나서 참으로 놀랍다며 "몽둥이와 칼로 다스려야 할 사람을 부처님께서는 품어서 다스립니다"하고는 절을 하고 돌아섰어.

그러나 원한을 품은 사람들은 아힘사가 밥을 얻으려고 마을로 내려가자 그이를 돌로 치고 옷을 찢었어. 사람을 맨손으로 때려죽일 만큼 힘이 센 아힘사였지만 조금도 맞서지 않았어. 몽

240

둥이와 돌멩이를 고스란히 맞은 아힘사는 피투성이가 된 채 절로 돌아왔어. 죽어가는 그이 얼굴엔 어떤 분노나 원망은커녕 평온함만이 가득했지.

아힘사(앙굴리말라)가 죽고 나서 제자들이 부처님께 그이가 어디로 갔는지 물었어. 부처님은 그이가 열반에 이르렀다고 말해. 그러자 제자들이 수군거렸어. 그렇게 많은 사람들을 죽인 흉악범도 깨달음을 얻을 수 있느냐는 뜻이었지. 부처님은 이렇게 대답했어.

"아무리 많은 악을 저질렀다고 해도 악을 멈추고 더 나은 쪽으로 바뀌어 나아가면 깨달을 수 있다."

부처님이 하신 말씀을 곱씹을수록, 사람은 얼마든지 새로워질 수 있다는 본보기가 아닐 수 없구나.

부처님이 생각하는
사랑은 무엇일까?

 Q 할아버지, 모든 종교는 서로 사랑하라고 하잖아. 그런데 부처님은 왜 사랑하는 사람을 만들지 말라고 하셨어?

A 어이쿠! 우리 벼리가 불교에 관심이 깊어지니까 답을 내놓기 어려운 물음들이 툭툭 터지는구나. '대자대비'라고 더할 나위 없이 커다란 사랑을 해야 한다고 말씀하는 부처님이 어째서 사랑하는 사람을 만들지 말라고 하셨을까?

부처님은 미워하는 사람도 만들지 말라고 하셨어. 사랑이 뭔지는 말하지 않아도 잘 알 테니까 미움을 살펴보자. 미움은 어디서 올까? 미움이란 사랑받고 싶은데 사랑을 받지 못하는 데서 싹터. 그리고 내가 품고 있는 어떤 뜻과 상대방이 지닌 뜻이 어긋날 때도 미움이 생길 수 있지.

사랑받으려는 마음이 없이 사랑한다면 어떨까? 네가 나를 사랑하든 말든 대수롭지 않게 받아들인다면 미움이 생기지 않아. 생각해 보자. 내가 너를 아끼는 만큼 너도 나를 사랑해야 한다고 여긴다면, 그건 사랑이라기보다 대가를 바라는 거래라고 해야 하지 않을까. 아울러 누구는 감을 좋아하고 누구는 배를 더 좋아할 수 있잖아. 그런데 나와 생각이 다르다고 윽박질러도 괜찮을까?

여기서 사랑하지 말라고 하지 않고, '사랑하는 사람을 만들지 말라'고 하신 부처님 뜻을 새겨봐야 할 것 같아. 부처님은 부처님을 사랑한다며 매달리는 여성에게 "내가 너에게 나쁜 짓을 하더라도 사랑할 수 있겠느냐?"고 되물으셨다고 해. 우리가 어떤 사람을 사랑한다고 여기지만 곰곰이 짚어보면 그 사람을 사랑한다기보다 그이에게 있는 어떤 것을 좋아하는 것인지도 몰라. 생김새가 아름다워서, 그 사람이 한 어떤 짓이나 힘이 좋게 느껴져서, 또는 내가 갖지 못한 것을 가지고 있어서 그 사람을 사랑한다는 말은 맞지 않아.

부처님은 누구한테도 사랑받겠다는 마음 없이, 누구도 가리지 않고 아끼셨어. 그러니까 불자라면 누구나 부처님을 더없이 우러를 테지? 우리들 가운데 부처님이 왜 나만 사랑하지 않느냐고 부처님이 밉다고 골내는 사람이 있을까? 없어. 왜 그럴까? 부처님을 '내 것'이라고 여기는 사람은 없기 때문이지.

끝으로 한 가지만 더 짚어보자. 한 남성이 어떤 여성에게 빠져 '너만 사랑한다'고 해봐. 모든 사랑을 한 여성에게 쏟아 붓는다면 나머지 사람들에게 줄 수 있는 사랑이 있을까? 없어. 뿐만 아니라 그렇게 해서는 살아남을 수도 없어. 먹을 것과 입을 것을 마련하며 어울려 살아가는 데 쏟을 힘이 남아있을 리가 없을 테니까.

243

헤아려 보니 어때? 사람이 너만 사랑한다커니 너를 미워한다커니 하는 것은 모두 사랑을 바로보지 못하는 데서 빚어진다는 것을 알 수 있겠지?

사랑하는 사람을 만들지 마라, 미워하는 사람도 만들지 말라. 이 말씀에는 '무엇에도 집착하지 말라'는 깊은 뜻이 숨어 있어. 사랑을 주되 받으려 하지 않는 마음으로 주어야 미움이 일어나지 않아. 부처님은 '대가 없이 주는 것만이 사랑'임을 깨닫게 하려고 그리 말씀하신 거야.

동성애를
어떻게 바라봐야 해?

Q   할아버지, 검색을 하다가 동성애반대집회 기사를 봤어. "동성애(동성혼)가 합법화되면 가뜩이나 저출산이 국가 과제인데 남녀가 이루는 가정이 파괴될 것"이라고 쓰여 있던데, 부처님은 동성애를 어떻게 생각해?

A   동성애는 몸으로 보았을 때 남자와 남자, 여자와 여자, 이렇게 성이 같은 이들끼리 사랑하는 거지. 부처님은 동성애, 동성혼인을 반대하셨을까? 어떤 불교 경전에서도 부처님이 동성애를 반대하셨다는 말씀은 찾아볼 수 없어. 콕 짚어보면, 부처님이 여성끼리 또는 남성끼리 하는 혼인을 지지하셨다는 얘기도, 반대하셨다는 얘기도 나오지 않아.

다만 초기경전에 이런 이야기가 나와. 사람이 윤회하는 동안 여성은 남성으로 남성은 여성으로 바뀔 수 있으며, 한 생애를 살아가는 동안에도 바뀔 수 있다고 나와. 오래도록 익힌 버릇에서 저도 모르게 켜켜이 쌓인 업(속내) 때문에 여성이 남성으로 되거나 반대로 남성이 여성으로 바뀔 수 있다는 말씀이야.

그런데 이처럼 성 정체성이 바뀌는 것이 깨달음을 이루는 데 걸림돌로 여겨지지는 않았던가 봐. 부처님은 여성성을 지닌 비구 스님과 남성성을 가진 비구니 스님을 둘 다 제자로 받아들이셨어. 여성성을 지닌 비구 스님은 비구니 승단으로, 남성성을 지닌 비구니 스님은 비구 승단으로 승단을 옮겨가 살도록 했지. 그저 "지난날 비구이던 비구니는 앞으로 비구니 계율을 따라야 하고, 비구니이던 비구는 앞으로는 비구 계율을 따라야 한다"고 말씀하셨을 뿐이야.

초기경전에 같은 성을 가진 스님끼리 짝짓기를 하면 지옥에 떨어진다는 구절이 있는데, 이는 스님들이 지켜야 하는 '음욕하지 말라'는 계율을 어겼기 때문으로 봐야 해.

남방불교나 북방불교 모두 여느 사람 사이에서 일어나는 동성애는 이따금 부도덕하다고 비난받았대. 그러나 동성애를 하는 사람들을 괴롭히며 욕하고 못살게 굴었다는 증거는 어디에서도 찾아볼 수 없어. 남방불교에 견줘 북방불교인 중국에서는 보다 너그러웠고, 일본에서도 적극 감싸줬대. 이로 보아 불교에서는 동성애자나 성이 바뀐 트랜스젠더와 같은 성소수자에게 손가락질하지 않았다는 것을 알 수 있어. 달라이 라마도 "다른 사람들에게 피해를 주지 않는 한 잘못이 아니다"라고 말씀하셨대. 얼마 전에는 일본 사찰 슌코인에서 가와카미 젠류 스님이란 분이 동성 결혼식을 올려주고 있다는 이야기를 듣기도 했어.

지난해 부처님오신날 조계종단에서는 "차별 없는 세상, 우리가 주인공"이란 표어를 내걸었어. 뿐만 아니라 법요식에는 세월호 희생자와 미수습자 가족, 성소수자, 이주 노동자, 장기해고

노동자처럼 이리 떠밀리고 저리 부대끼며 어려움을 겪는 이들을 두루 모셔서 어울렸다는구나. 무엇보다 성소수자들을 법요식에 오도록 해서 어울렸다는 데에 울림이 컸어. '너와 내가 다르지 않다, 차별하지 말라'는 부처님 가르침을 생각하면 동성애를 어떻게 바라보아야 할지 알겠지.

차별하는 자가 마라이다!

옛날부터 여러 나라에서 많은 차별이 있었어. 신분은 물론 남자와 여자, 어른과 아이, 장애인과 비장애인, 성소수자, 젊은이와 노인…. 그러나 밑바닥부터 차별하지 않는 마음이 불교 가르침 가운데서도 알맹이라고 할 수 있지. 고대 비구니 스님들이 깨달음을 노래한《장로니게》라는 경전이 있어. 거기에 비구니 소마가 남긴 게송이 나와. 악마가 '여자는 한 꼬집도 안 되는 슬기를 가지고 있어서 깨닫지 못한다'고 조롱하자 소마가 이렇게 대꾸했어.

마음을 모아 참다움을 꿰뚫어볼 수 있는 슬기가 있다면
여성이라는 게 무슨 상관인가.
나는 여성이다, 나는 남성이다 또는 나는 그 무엇이다.
이런 생각이 일어나는 사람만이
마라(악마)와 가까울 것이다.

부처님은 난민을
어떻게 아우르셨을까?

Q 할아버지, 학교에서 난민 얘기를 나눴어. 그런데 생각이 팽팽하게 맞서서 어떻게 하는 것이 좋겠다는 끝맺음을 하지 못했어. 부처님이라면 난민 문제를 어떻게 다뤘을까?

A 먼저 이야기 하나 들려줄게. 전생에 부처님은 어떤 나라 임금이었다고 해. 어느 날 비둘기 한 마리가 임금님 품으로 날아들었어. 이어서 사나운 매가 따라 들어오면서 외쳐. "방금 임금님 품으로 날아든 비둘기는 내 먹잇감입니다. 나는 몹시 굶주렸으니 어서 그 비둘기를 내어주세요." 임금님이 말했어. "내가 해야 하는 일은 나라 안에 있는 목숨붙이를 다 살리는 일이다. 그런데 어찌 살겠다고 내 품으로 날아든 비둘기를 잡아먹힐 줄 알면서 내어 주겠느냐." 그러자 매가 "살려야 할 목숨 가운데 나도 들어 갑니다"라고 맞받았지.

매가 하는 말이 그르지 않다고 여긴 임금님은 "내 다리 살을 베어줄 테니 비둘기 목숨과 바꾸자"고 해. 매는 "제가 비록 새이지만 이치에는 치우침이 없습니다. 살을 저 비둘기와 바꾸려고 한다면 저울추가 같아야 합니다"라고 받았어. 임금님은 허벅지살을 베어내 저울에 올려놨지만 비둘기보다 가벼웠어. 고개

250

를 갸웃거리던 임금님은 이번엔 엉덩이 살을 베어내 더 올려놨어. 그래도 비둘기 쪽으로 기울었대. 다리, 팔, 몸통 아무리 살점을 베어내 거듭 올려놔도 저울추는 수평을 이룰 수 없었어. 하는 수 없이 임금님이 저울 위에 올라앉자 비로소 같아졌다고 해. 목숨이 소중하기는 사람이나 짐승이 다를 바 없다는 얘기야.

여기서 부처님이 비둘기만 감싼 게 아니라 매도 살아야 한다고 여기셨다는 걸 놓쳐서는 안 돼. 부처님이 비둘기 목숨을 살리는 대신 당신 살을 먹이로 주시려고 했지.

이 이야기를 곰곰 새기고, 난민 갈등을 어떻게 풀어야 할지 생각해 보자. 난민을 받아들여서는 안 된다는 사람들은 어째서 그럴까. 난민들 때문에 '범죄가 늘어나고 사회 갈등도 커질 것이다. 우리 먹고 살기도 힘든 판에 세금을 그 사람들에게 써서는 안 될 뿐더러 일자리를 뺏길 수 있다'며 불안해 하고 있어. 범죄가 늘어날 것이라는 두려움에는 트럼프 미대통령이 지난 6월 "독일이 난민을 받아들인 뒤 범죄가 10퍼센트 늘었다"고 한 트윗 탓도 적지 않을 거야.

그런데 이 사실이 정말 맞을까? 자세히 살펴보니 2017년 독일에서는 범죄가 2016년보다 9.6퍼센트나 줄었다는구나. 독일인이 아닌 사람이 저지른 범죄율은 더 떨어져서 22.8퍼센트나 줄고. 범죄는 난민과 상관없이 사회안전망이 얼마나 튼튼한가와 시민의식에 달려있다는 걸 짚어주는 지표야.

세금과 일자리 문제를 짚어볼까? 우리나라는 1992년 '난민

지위 협약'을 맺었어. 그 뒤로 26년 동안 4만2천여 명이 난민 신청을 하고, 난민심사를 마친 사람 가운데 4퍼센트에 이르는 850명만 받아들였지. 우리나라는 난민수용수치에서 세계 139위, OECD 35개 나라 가운데 34위로 꼴찌에 가까워. 엄격하다 못해 매몰차다고 봐야 하지 않을까. 난민에게 세금을 쏟아붓고 일자리를 빼앗긴다고 생각하는 것은 지나친 과장이라는 걸 알 수 있어.

이처럼 바르게 아는 것이 참 중요한 것 같아. 바르게 알지 못하니 바르게 생각하지 못하고 결국 삶을 바르게 펼쳐가지 못하고 말지.

짚어보면 한국전쟁 때는 우리 모두가 난민이었어. 1·4후퇴 때 북한 흥남부두에서 배를 타고 내려온 피난민들에게 부산 사람들이 삿대질하면서 '너희를 받아들이면 범죄가 늘어날 수 있고, 우리도 먹고 살기 힘든데 일자리를 뺏길 수도 있다'면서 내쳤다면 어찌 됐을까?

불자들은 더욱이 부처님과 스님들이 집집마다 돌아다니면서 밥을 얻어 잡수신 까닭도 놓쳐서는 안 돼.

티끌만 한 '나'가
세상에 미치는 힘은 얼마나 될까?

Q 할아버지, 이태 동안 불교 이야기 잘 들었어. 너무 많은 걸 들어서 그런지 머리가 터질 것 같아. 그동안 들려주신 얘기를 한두 마디로 간추려 줄 수 있어?

A 머리가 터지다니! 하하. 할아비 말이 알아듣기 쉽지 않았을 텐데 여태 잘 따라와 주어 고맙구나. 그런데 불교를 한마디로 간추리라고! 네가 마지막까지 할아비를 움짝달싹 못하게 하는구나. 조심스럽지만, 부처님 가르침을 한마디로 하면 '옹근 짓(정업)'이야. '바르게 살아가자는 것'이지. 그러려면 '있는 그대로를 꿰뚫어볼 수 있는 눈(옹근 눈, 정견)'을 갖춰야 해. 바르게 볼 줄 알아야, 바르게 생각하고, 바른 판단을 하고, 바른 행동을 하며 삶을 옹글게 지어갈 수 있겠지? 바르고 옹글게 보려면 어떻게 해야 할까? 늘 세 가지를 따져 살펴보는 거야.

① **모든 것은 바뀐다**(무상). 하늘에 떠 있는 구름을 보렴. 잠시도 쉬지 않고 모양이 바뀌지? 이처럼 세상 만물은 끊임없이 바뀌어. 그러니까 눈앞에 보이는 것, 느껴지는 것이 영원하다고 믿어서는 안 되어.

② **'나'는 홀로 떨어져 있을 수 없다**(무아). 모든 것은 서로 기대며 이어져 있으므로 나는 결코 혼자 있을 수 없다는 말이야. 엄마아빠가 없었다면 내가 태어날 수 있었을까? 또 세상에서 농부가 몽땅 사라진다면 굶어 죽을 수도 있겠지? 풀과 나무가 없어진다면 숨도 쉬지 못할 테고. 이것 말고도 나 혼자 살 수 없는 증거는 너무나도 많아.

③ **까닭 없이 맺히는 열매는 없다**(연기). 흔한 말로 원인이 있으면 결과가 있다는 말이야. 어떤 일이고 그냥 저절로 일어나지 않는다는 말이지.

이 세 가지 옹근 눈길을 갖추면 어떤 일 앞에서도 내가 해야 할 바른 행동, 옹글게 삶을 지어갈 수 있는 길이 또렷하게 보인단다.

그러나 놓치지 말아야 할 것이 있어. 이러한 부처님 가르침을 꾸준히 몸으로 지어가야 하는 것이지. 부처님 가르침을 따른다고 당장 삶이 달라지지는 않거든.《보왕삼매론》에 "일이 쉽게 되기를 바라지 말라"는 말이 나와. 배가 고프다고 밥하기를 서두르면 밥이 설잖아. 뜸이 들어야 맛있는 밥이 되듯 견디고 계속 꾸준히 해나가면 어느 순간 일이 이뤄지는 때가 와.

중국 남쪽 지방에서 바닷바람을 막는 숲으로 쓰는 대나무 씨앗은 땅에 떨어진 다음에 다섯 해 동안 뿌리를 내리고 나서야 움이 튼다는구나. 그렇기 때문에 모진 바닷바람을 맞으면서도 뿌리가 뽑히지 않고 바람을 막고 서 있을 수 있는 거야. 그런데 한두 해가 지나도 움이 트지 않는다고 갈아엎어 버리면 어떻게 될까? 서두르지 않고 당장 겉으로 드러나지 않아도 언젠가는 바뀌리라는 믿음을 갖는 것이 얼마나 귀한지 알겠지?

부처님이 돌아가시면서 말씀하셨어. "스스로 말미암아 빛나라." 바른 생각에 따라 스스로 삶을 만들어가라는 말씀이지. 여기서 잊지 말아야 할 것은 모든 것은 저절로 일어나지 않는다는 '연기'야. 내가 스스로 빛을 내면 나와 연결된 세상도 그만큼 밝아지지. 그 작은 힘이 세상을 바꿀 수도 있고 말이야.

'나'라는 사람은 너무나도 작은데 어떻게 세상을 바꾸느냐고? 그래, 벼리 네 말대로 세상을 바꾸기에 '나'는 너무나도 작아. 그걸 백만 분의 1이라고 하면, 숫자로는 '0.0000001'이야. 이쯤이야 있든지 말든지 아무도 신경 쓰지 않을 만큼 작은 숫자지. 그런데 이 숫자가 꾸준히 힘을 쓰면 어떤 결과를 가져오는지 살펴볼까.

먼저 세상을 나타내는 숫자가 1이라고 해보자. 거기에 내가 차지하는 0.0000001을 더한 다음, 그걸 거듭제곱해서 나온 값에 거듭제곱하고 또 그 값을 거듭제곱 하는 거야. 그렇게 스물아홉 번을 하면 얼마나 될까? 할아비가 계산해 보니까, 207,017,133,996,671,569,721,067(이천칠십해 일천칠백일십삼경 삼천구백구십육조 육천육백일십오억 육천구백칠십이만일천육십칠)이야. 조그마한 숫자가 저토록 어마어마해지다니 믿겨져? 0.0000001(백만 분의 일) 밖에 되지 않아 '겨우?' 싶은, 스스로 말미암는 힘이 어마어마하게 커진 거지.

　스웨덴에 사는 열여섯 살 소녀 그레타 툰베리를 아니? 툰베리는 지난해부터 어른들이 지구 기후 변화가 심각한데 왜 어른들은 아무것도 하지 않느냐고 따지면서, 금요일마다 '등교 거부'를 하고 있어. 툰베리가 시작한 작은 실천은 전 세계로 퍼져서 UN 총회에서 연설을 하기에 이르렀지. 이게 실마리가 되어 유럽의회 선거에서 기후 위기에 대책을 세우려는 녹색당이 10석이나 늘어났어. 노르웨이 의원들은 툰베리를 올해 노벨평화상 후보로 추천했다고 해. 툰베리는 "지금 인류에게 없어서는 안 될 것은 희망이 아니라 행동이다"라고 했다는구나. 정말 놀랍지?

　열여섯 살 툰베리가 보여주었듯, 티끌보다 작더라도 꾸준히 하는 힘이 누리 결을 바꿔. 나를 바꾸고 다른 사람을 바꾸고 세상을 바꾼다는 말이야. 이제, 참답게 살겠다는 작고 여린 뜻 하나가 지치지 않고 거듭하기와 만나 커다란 '살림살이'를 이룰 수 있다는 걸 믿을 수 있겠지?

닫는 글

말씀을 맺으면서 드리고 싶은 말씀은 '마음'입니다. 몸글에서도 말씀드렸듯이 마음은 닦는다기보다는 쓴다고 해야 하지 않을까요? 몸을 제대로 쓰면 힘살에 힘이 붙듯이 마음을 어질게 쓰면 어진 힘살이 자라 굵고 튼튼해집니다. 모질게 쓴다면 말할 것도 없이 모진 힘살이 자라 힘이 세어지겠지요. 어진 힘살이든 모진 힘살이든 길들어진 힘살에 따라 업, 어떻게 하겠다는 속내(의도) 가 쌓입니다. 그러면 알게 모르게 쌓인 속셈에 끌려갈 수밖에 없습니다. 좋지 않은 쪽으로 길이 나서 저도 모르게 그리 끌려가는 것을 돌려놓으려면 어떻게 해야 할까요? 길을 얻으려면(득도) 길을 내야(수도 또는 수행)합니다. '억지로' 힘을 써야 하는 까닭입니다. 안거도 억지로 마음 쓰는 길 닦기 가운데 하나이지요. 제가 어울리는 '꼬마평화도서관사람들'을 비롯해 동아리 몇 군데에서 쓰는 바람직한 마음 힘살을 기르는 진언을 살짝 알려드리겠습니다.

1) 늘 깨어 있겠습니다

'나만' 잘 살겠다고 아등바등하는 데서 괴로움이 일어난다는 것을 아는 우리는, 동떨어진 나라는 것이 없이 이웃과 이어져 있음을 바로 보며 '너를 살릴 때 비로소 내가 살 수 있다'는 밑절미에서 살림살이를 빚겠습니다. 움켜쥐고 쌓아두려는 그릇된 생각이 들지 않도록 하고, 내 생각에 어긋난다고 여길 때 치미는 화를 다스리겠습니다. 늘 참답게 깨어 이웃하는 그대와 사이좋게 살겠습니다.

2) 옹글게 말하고 귀담아듣겠습니다

생각 없이 내뱉은 말과 옹글지 못한 말, 이웃이 하는 말을 귀담아들을 줄 모르는 데서 괴로움이 온다는 것을 아는 우리는,

생각을 벼려서 할 말은 하고 못 할 말은 하지 않겠습니다. 이웃하는 그대가 말할 때는 생각을 멈추고 귀담아듣겠습니다.

3) 배움터와 일터를 옹글게 꾸려가겠습니다

배움터와 일터가 서로 살림터인 줄 아는 우리는, 바르게 배우고 거둬들인 것을 어울리는 그대와 세상에 고루 돌아가도록 하겠습니다. 내가 하는 일이 벼슬이 아닌 줄 아는 우리는, 더불어 배우고 일하는 그대를 도두보겠습니다.

4) 옹글게 쓰겠습니다

바람직하지 못하게 살아가는 데서 괴로움이 온다는 것을 아는 우리는, 주어진 것에 기꺼워하고 바르게 먹으며 덜 쓰고 덜 버리겠습니다. 술을 취하도록 마시거나 게임이나 놀이 따위에 빠져 제 구실을 놓치지 않도록 하겠습니다.

5) 참다운 나라를 이루겠습니다

따돌리거나 해코지하는 것이 안녕을 가로막는 줄 아는 우리는, 어느 누구도 따돌리거나 해코지하지 않겠습니다. 주권을 바르게 써서 우리나라가 열린 나라로 다시 나는 데 앞장서겠습니다. 주어진 것이 많지 않더라도 기꺼이 나눠 굶주리는 이웃이 없는 참다운 나라를 이루겠습니다.

6) 온 목숨을 아끼고 사랑하겠습니다

모든 목숨붙이에게는 부처님씨앗이 있어 어떤 목숨을 앗더라도 부처님오시는 길을 가로막는 짓이라는 것을 아는 우리는, 나무와 우리가 숨을 주고받듯이, 모든 목숨붙이가 다 이어져 있다는 밑절미에서, 나와 우리 식구를 아끼는 것처럼 온 목숨을 아끼고 사랑하겠습니다.

저도 이 진언을 읊으면서 하루를 엽니다. 책이나 글을 읽는 길은 두 가지가 있습니다. 눈으로 읽기와 소리 내어 읽기가 그것입니다. 빠르기로 치면 소리 내어 읽기가 눈으로 읽기를 따라가지 못합니다. 그러나 '눈으로 읽기'가 훑기라면 '소리 내어 읽기'는 말하기와 같습니다. 훑기는 흩어지기 쉽습니다만 말은 뼈에 감긴다고 합니다. 귀 과학계 아인슈타인이라고 불리는 토마티는 "터져 나온 소리는 입에 있지 않고, 몸에도 있지 않으며 정확히 뼛속에 있다. 노래하는 것은 실제로 몸에 있는 뼈"라고 했습니다. 저라고 해서 책을 언제나 소리 내어 읽지는 못합니다. 그러나 글에 담긴 뜻이 잘 헤아려지지 않을 때는 소리 내어 읽습니다. 그러면 눈으로 읽을 때보다 그 뜻이 쉽게 와 닿습니다. 수학을 가르치는 이에게 이런 말을 들었습니다. "아이가 문제를 앞에 두고 풀지 못하고 끙끙대고 있을 때 문제를 찬찬히 소리 내어 읽어주기만 해도 앉은 자리에서 바로 문제를 풀더라." 선비들이나 절집에서 책을 소리 내어 읽는 까닭이 여기에 있지 않았을까 싶습니다.

서툰 걸음을 또 내디뎠습니다. 많은 사람들이 이 책을 읽고 부처님가르침에 한 발짝이라도 더 다가서기를 바랍니다. 그래서 거룩한 부처님과 소중한 가르침 그리고 맑디맑은 승가 품에 들어 마음 놓고 살아갈 수 있기를 빕니다.

ⓒ 변택주·권용득 2019

2019년 9월 2일 초판 1쇄 발행
2022년 7월 22일 초판 5쇄 발행

글 변택주 • 그림 권용득
발행인 박상근(至弘) • 편집인 류지호 • 상무이사 김상기 • 편집이사 양동민
편집 이상근, 김재호, 양민호, 김소영, 권순범
디자인 쿠담디자인 • 제작 김명환 • 마케팅 김대현, 정승채, 이선호 • 관리 윤정안
펴낸 곳 불광출판사 (03150) 서울시 종로구 우정국로 45-13, 3층
          대표전화 02) 420-3200 편집부 02) 420-3300 팩시밀리 02) 420-3400
          출판등록 제300-2009-130호(1979. 10. 10.)

ISBN 978-89-7479-683-9(43220)

값 15,000원